JN087347

臨床心理学23-3（通巻135号）

［特集］これからの時代を生きる高校生・大学生の処方箋

1　これからの時代を生きる高校生・大学生へ

序——なぜ高校生・大学生なのか, なぜ愛・性・依存なのか？ ……………………………………… 石垣琢麿　241
高校生の現在地と展望——高校教員の立場から ……………………………………………………… 平澤千秋　246
大学生の現在地と展望——学生相談の立場から …………………………………………………… 高野　明　251
不安定な社会で若者が生きていくために…………………………………………………………… 阿比留久美　256

2　知っておきたい恋愛と友情のこと

「あなた」と「わたし」の境界——恋愛とデートDV …………………………………………………… 松並知子　261
「ちょうどいい距離感」をいっしょに探る——自立という名の孤立, ストーキング, そしてパートナーシップ ……… 山崎孝明　267
問題は“彼”ではない——男性の性暴力被害とジェンダー規範 ……………………………………… 宮﨑浩一　273

3　変わりゆくジェンダー／セクシュアリティ

「大切な仲間」と「あなたの居場所」——カモフラージュ ……………………………………………… 川上ちひろ　279
男子集団の社会病理を把握する——暴力, 失語, ホモソーシャル ………………………………… 西井　開　284
自分らしく生きてゆく——LGBTQ大学生 …………………………………………………………… 橋本和幸　289

4　「やめられない気持ち」の処方箋

「とまらない気持ち」をみつめよう——インターネット・ゲーム依存 ………………………………… 関　正樹　295
楽になりたい, でも立ち止まりたい——処方薬・市販薬依存………………………………………… AKM　301
「あなたはひとりじゃない」から「あなたはひとりでいい」への転換——SNS・関係性依存 ………… 野坂祐子　307
心と体をいたわろう——リストカット・オーバードーズ・セルフネグレクト ………………………… 勝又陽太郎　312

5　高校生・大学生が教えてくれること

発達障害の大学生が教えてくれること………………………………………………………………… 吉村麻奈美　317
彼／彼女たちのリアリティ——インターネット・SNSのある日常 …………………………………… 青山郁子　320
知らされなかった者たちへ——社会保障制度の学習機会の不在とスティグマから権利性を考える ……… 横山北斗　324

投　稿
系統的事例研究論文
　　統合的心理療法におけるクライエントの主
　　観的体験——成功4事例の複数事例研究
　　　　　山崎和佳子・岩壁　茂・福島哲夫・
　　　　　　　　野田亜由美・野村朋子　329
展望・レビュー論文
　　ゲーム行動の重症化予防に関する研究動向
　　——多様なプレイスタイルを踏まえた臨床
　　心理学的考察　　　横光健吾・入江智也・
　　　　　新川広樹・田中勝則・山本晃輔　339

リレー連載
臨床心理学・最新研究レポート シーズン3
　　第40回「教育における意義ある重要な家族のパート
　　ナーシップに向けて」　　　　　岡村章司　351

主題と変奏　－臨床便り
　　第61回「なぜ「リカバリー」に拘ったのか」
　　　　　　　　　　　　　　　　駒澤真由美　356

書　評　357
● 駒澤真由美 著『精神障害を生きる——就労を通して見た
　当事者の「生の実践」』（評者：小林　茂）
● 石垣琢麿 編『メタ認知トレーニングをはじめよう！ ——
　MCTガイドブック』（評者：橋本和明）
● デイヴィッド・フォーブスほか 編『PTSD治療ガイドライン
　［第3版］』（評者：伊藤正哉）
● 十川幸司・藤山直樹 編著『精神分析のゆくえ——臨床知と
　人文知の閾』（評者：池田暁史）

次号予告 327／実践研究論文の投稿のお誘い 349／投稿規定
361／編集後記 362
日本犯罪心理学会第61回大会 294

新刊案内

Ψ金剛出版　〒112-0005　東京都文京区水道1-5-16　Tel. 03-3815-6661　Fax. 03-3818-6848
e-mail eigyo@kongoshuppan.co.jp　URL http://kongoshuppan.co.jp/

こころの支援と社会モデル
トラウマインフォームドケア・組織変革・共同創造

[責任編集]笠井清登　[編著]熊谷晋一郎　宮本有紀　東畑開人　熊倉陽介

日々揺れ動く社会構造との絶えざる折衝のなかで，支援者と被支援者の関係，支援の現場は今，どうなっているのか？―――東京大学発「職域・地域架橋型：価値に基づく支援者育成」プログラム（TICPOC）開幕に始まるこの問いに，多彩な講師陣によるカッティングエッジな講義録＋ポリフォニックな対話で応答する思考と熟議のレッスン。こころの支援をめぐるパラダイムが大きく変動する現在，対人支援をどのように考え実践すべきか？組織変革を構想するマクロの視点と，臨床場面で工夫を重ねるミクロの視点から，日々変わりゆく状況に応答する。　　　　定価4,180円

トラウマ・リカバリー・グループ
実践のための手引き

[著]ミカエラ・メンデルソン　ジュディス・L・ハーマン　エミリー・シャッザウ　メリッサ・ココ
ディヤ・カリヴァヤリル　ジョスリン・レヴィタン
[訳]杉山恵理子　小宮浩美

トラウマ・リカバリー・グループ（TRG）は，複雑性PTSD概念の提唱者として知られるジュディス・L・ハーマンが示す治療モデルのなかでも，被害者が対人的つながりを取り戻すための重要な回復過程に位置づけられる目標指向的・相互支援的なグループ療法である。本書は，TRGを導くための手引書であり，ハーマンたちの理論と実践の成果も示す，複雑性トラウマ支援のための包括的マニュアルと言える。　　　　定価3,740円

トム・アンデルセン　会話哲学の軌跡
リフレクティング・チームからリフレクティング・プロセスへ

[著・訳]矢原隆行　[著]トム・アンデルセン

1985年3月のある晩，ノルウェーの都市トロムソで，精神科医トム・アンデルセンがセラピーの場の〈居心地の悪さ〉に導かれ実行に移したある転換。当初「リフレクティング・チーム」と呼ばれたそれは，「二つ以上のコミュニケーション・システムの相互観察」を面接に実装する会話形式として話題となる。自らの実践を「平和活動」と称し，フィンランドの精神医療保健システム「オープン・ダイアローグ」やスウェーデンの刑務所実践「トライアローグ」をはじめ，世界中の会話実践を友として支えるなかで彫琢された会話哲学に，代表的な論文二編と精緻な解説を通して接近する。　定価3,080円

価格は10%税込です。

[特集] これからの時代を生きる高校生・大学生の処方箋

序
なぜ高校生・大学生なのか，なぜ愛・性・依存なのか？

石垣琢麿 Takuma Ishigaki
東京大学大学院総合文化研究科

「ねばねばする春の若葉，青空が，おれは大好きなんだ。そうなんだよ！　知恵や，論理なんて関係ないんだ。はらわたと魂で愛するんだ，この生まれる力，この若い力を愛するんだよ……」

『カラマーゾフの兄弟』より
（亀山郁夫 訳／光文社古典新訳文庫）

I　筆者の個人的動機

引用したのは，『カラマーゾフの兄弟』から，父フョードル・カラマーゾフの次男，23歳のイワンの言葉である。彼は若者としての感性と力の素晴らしさを声高に主張して，それを信じたい，愛したいと言いながら，思考の中核には常に深い猜疑があり，最後まで人間も神も信じることができない。あるいは，青年らしい自己愛に浸りながらも，彼の鋭い頭脳は自己を客観的に見つめざるをえない。イワンは物事を冷徹に，かつニヒルに見つめているが，常に分裂しており，最後は破滅する。

この小説では，イワンだけでなく登場人物は全員が大なり小なり分裂している。自我と社会が，補正の利かない分裂や矛盾を抱えてしまったことこそが現代人の苦悩の本質だと Dostoevsky は考えている。『罪と罰』『悪霊』『白痴』『未成年』，そして『カラマーゾフの兄弟』と，彼の後期傑作群の主人公はほぼすべて，10代から20代の青年である。さらに，重要なバイプレーヤーとして多くの10代の少年少女が登場する。文学研究者でもない素人の立場でおこがましいが，この作家が人間の本質を看破した結果，苦悩が生々しく顕在化する青年にこそ注目すべきだと考えたからではないかと想像している。

筆者が精神科の一般臨床に加えて大学で学生相談を始めて15年が経過した。また7年ほど前から，高校でのコンサルテーションを行うようになり，それまでの臨床であまり関与してこなかった大学生と高校生の心理社会的問題，あるいは大学と高校が抱える問題に直面することになった。

高校といっても都市部とそれ以外では環境や問題がまったく異なる。学年によって困りごとは異なり，生徒の心理生理的な成長や変化と，それにともなって環境からの影響が変わっていくことがよくわかり，興味深い。一方，大学ごとに事情が異なるのは当然だが，文系／理系，学部／学科の差異，きわめつけは研究室ごとにも差異があるので，そこに属する学生が抱える心理社会的問題の概要をまとめることは容易ではないし，まとめる

意味もないかもしれない。

　筆者は今でも対応に困ることは多いが，この経験のなかでスクールカウンセリングや学生相談に長年携わってこられた多くの優れた臨床家や教育者と知り合うこともできた。これを機会に一つの区切りとし，今後の糧にもするため，自らの体験を多層的に検討したいと考えたことがこの特集を編むに至った個人的な動機である。

　また筆者は，本誌の編集委員会で出された意見の一つ，「現代の高校生や大学生から私たちが学ばせてもらうことはなんだろうか。この問いに答える特集にしてほしい」に深く感銘を受けた。年長者は，若者の自分たちとは異質な側面を，ネガティブなものであると安易にとらえがちだ。しかし，1990年代後半から2010年代生まれのZ世代の若者たちが体験していることを私たちは正しく理解できているのだろうか。彼らは今を生きるために，年長者が獲得しえなかった知恵と力を培ってきたのではないか。本特集では，彼らに対する支援法だけでなく，彼らから学ぶ態度を涵養するにはどうしたらよいか，という点についても検討したい。

II　なぜ高校生と大学生なのか

　特集の対象を思春期や青年期とせず，教育制度上の高校と大学とした理由はいくつかある。まず，先にあげた筆者自身の臨床経験において，生徒・学生の心理的問題に関心と知識を持ち，彼らの困難に心を砕いてくれる教員（場合によっては職員も）が，筆者が臨床現場に出た30年前とは比較できないほどに増えたことを実感しているからである。

　このような教職員が増えたのは，メンタルヘルスに関する日本人全体のリテラシーの向上，心理的バリアフリーへの意識の高まり，高校のスクールカウンセラーや大学の学生相談担当者のたゆまぬ努力なども理由であろう。また，何らかの丁寧な個別対応を学内で取らざるを得ない生徒・学生が増加していることも理由の一つだと思われる。

　しかし一方で，さまざまな事情で心理的な問題から距離を取ろうとする教職員もいないわけではない。そこで編者としては，本誌の主要な読者である心理職や医療・福祉職だけでなく，教育関係者に多少でも益となり，生徒・学生の支援に前向きになれるような特集を組もうと考えた。教育者として，高校生や大学生に近づきすぎず離れすぎず，ちょうどよい距離を考えていただくための指標になればよいと思う。

　昭和から平成の時代を経て，多くの若者が高校・大学への入学と卒業を希望するようになり，彼らの動向をめぐる教育界や，保護者を含む一般社会の考え方も大きく変わった。少子化ゆえの大学全入時代であるから，高等教育の適性や必要性が疑われる人も進学を希望するかもしれない。日本の社会は，多様性の重視を唱えながら，多様性を排除しようとする意見も依然として力をもっている（ただし，そうした意見は多様性に包含されるものでもある）。高校と大学の教員は，心理職でも難しい生徒・学生の心理社会的問題への対応を学内で行うことを要請される。いずれも日本の社会と教育における大きな矛盾であり，現代の高校生や大学生の心理社会的問題とその支援を考えるということは，青年期の心理だけでなく，日本の教育や社会全体を考えることにつながっているのである。

　本特集の執筆者は，高校生・大学生に，あるいは教育現場に常日頃から接しておられ，教育への造詣も深く，教職員や保護者と一緒に支援活動を展開されている方々である。周知のように本誌は臨床心理学の専門誌ではあるが，本特集ではソーシャルワークや教育論までも包含した内容にならざるをえなかった。このことも，高校生と大学生の問題が，個人の心理を超えて，社会全体と結びついていることの証左である。

　もう一つ，ここで退学の問題について考えたい。義務教育ではない高校と大学では，適応できない場合に退学することは対処方法の一つである。退

学して新たな道を進み，人生が楽になったり豊かになったりしたケースを筆者も何例か担当した。しかしながら，問題の成り立ちや，退学の決断が下されるまでのさまざまなプロセスをよく検討しないと，本人のその後の人生に大きな影響が出るケースが多い。

藤江（2023）は調査データに基づいて，高校のドロップアウト（中途退学）の予測因子として自己効力感が特に重要だと指摘している。対人関係，セルフコントロール，社会的役割，学業に関わる自己効力感が低いとドロップアウトのリスクが高まるという。ドロップアウト後のさまざまな生きづらさを考えれば，こうした自己効力感を在学中にいかに向上させるかが教育者にも臨床家にも問われている。

また藤江は，精神的健康を指標にして高校をドロップアウトした若者の類型化を試み，「いじめの問題傾向」のタイプが複合的な困難を抱えていることを見出している。このタイプに属する人たちは，先述の自己効力感の低さだけでなく，衝動コントロールの悪さ，健康問題，反社会性などの問題も抱えているが，家族からも家族以外の人たちからも傷つけられた体験がきわめて多い。つまり，自己解決できない重篤で複合的な問題への支援を十分受けられなかったからこそドロップアウトしたとも言える。

心理社会的支援のない退学の後には，厳しい現実が待っていることが多い。先述したように，社会は多様性をうたいながら，実際には通常教育ルートからの逸脱者を受け入れてくれるほど柔軟でも寛容でもない。単位制の高校や通信制の大学に編・転入学するには保護者の協力と経済力が必要であり，すべての希望者に機会が与えられるわけではない。失敗は許されないという閉塞的な環境や，物質的には豊かでも排他的な社会が退学者の希望や理想を押しつぶしてしまうこともあるだろう。

III　なぜ愛・性・依存なのか

本特集は，第1部の総論に始まり，第2部「知っておきたい恋愛と友情のこと」，第3部「変わりゆくジェンダー／セクシュアリティ」，第4部『『やめられない気持ち』の処方箋」，第5部「高校生・大学生が教えてくれること」と続く。つまり第2部は愛，第3部は性，第4部は依存がテーマになっている。

いうまでもなく，愛と性は青年にとって古典的でもあり普遍的でもある心理的課題だが，常に時代に合わせた装いを纏って我々の前に現れる。以前には一部の領域でのみ知られていた現象が，社会情勢の変化やインターネットの普及によって，対象が拡大したり，広く顕在化したりした例も多い。戦争のような激しい暴力でなくても，目立たないが繰り返し生じている差別や暴力が，若い彼らの愛と性，あるいは人権をめぐる思考と感情を永続的にゆがめてしまうかもしれない。

逆に，依存あるいは嗜癖は，「ゲーム障害」も含めてかなり現代的な要素が反映されるようになった。筆者の体験からも，インターネットを介する動画視聴やゲームによる生活への影響は当然ながら若者の方に大きく，また，SNSを介する対人関係のトラブルは増えることはあっても減ることはない。

変わったのは外部環境やツールであり，影響を受け取る側に大きな変化はないはずだという考え方もある。現代の若者たちのなかにも昔と変わらない愛と性の成就を求めている人は多いだろうし，偏った情報と高いアクセシビリティがあれば昔の若者も容易に何かに依存したであろう。しかしながら，現在の高校生と大学生は西暦2000年以降に生まれた人たちが大半であり，デジタルネイティブとよばれる人も多く，私たち年長者とは異なった育ちをしている可能性は高い。

デジタルネイティブとは，三村・倉又（2009）によれば，①ネットで知り合ったか現実で知り合ったかを区別しない，②所属・肩書・年齢を気

にしない，③ネットを使いこなし，国内外にネットワークを構築して活動している人たちだと定義される。この概念が最初に提唱されてから15年以上が過ぎているので現在における妥当性は不明だが，上に定義される人物像はいかにも今世紀的であり，きわめてオープンなようにみえる。彼らが愛と性と依存をどのように考えているか，世代別比較のためにも知りたいところではあり，これからの21世紀をまだ生きなければならない私たち中高年も，彼らの知恵と体験をサバイバル法の一つとして学ぶ必要があるかもしれない。

　一方で心配されるのは，さまざまな理由でインターネットやデジタルネイティブな関係を駆使できる環境にいない若者たちのことである。平塚（2017）の調査によると，出自の環境や過去の経験の違いに応じて，社会的資源として機能する関係性はすでに一定程度配分されている可能性がある。つまり，ある程度の年齢までに環境が整っていなければ，若者がどんなに努力しても豊かな関係性は構築できず，そのためにその後の人生にきわめて大きなリスクを抱える可能性がある，ということである。これが事実であれば，ある類型に早期に分類されてしまった若者は，将来に変化を期待することができないだろうし，その人の内的変化を必須要素として内包する愛や性と，それに関する認識において，そうでない若者との間に差異や格差が広がっている可能性がある。

　今後検討すべき重要なテーマは，新型コロナ感染症の流行による対人交流の減少や社会的活動の停滞が若者に与えた影響についてであろう。このような社会全体に及ぶ現象に関しては，長期的，縦断的な観察と調査がなければ妥当な考察を得られないため，本特集でもCOVID-19の影響が明示されたタイトルは見当たらないが，若者の愛・性・依存のどれをとっても，短期的にせよ何らかの影響を受けていることは想像できる。本特集の各稿でも随所にそれが反映されているはずである。

Ⅳ　就職について

　愛・性・依存という本特集の基本テーマに関する心理的問題は各専門家にご執筆いただいているので，本稿では最後にあえて，それらとは関係が薄いようにみえる大学生の就職と就職活動から心理的不健康について考えてみたい。

　採用する側も優秀な人材を獲得するため，この20年間で，これまで以上にあの手この手を使うようになった。そのために複雑化した就活の「情報弱者」になってしまうと，あるいは少しでも就活ルートからはずれてしまうと，社会人としても完全に脱落するのではないか，「お先真っ暗」になるのではないかという誇張された恐怖感が現在の大学生にある。大学で相談を受ける側は，一昔前は，筆者のように一般企業への就活自体をしたことがないような，ある種の弱さを抱えたカウンセラーであることが多かったので，キャリアサポートが可能な組織と人材がきわめて重要になった。しかし，大学によってその機能は大きく異なるため，適切な支援を受けられない大学生もいる。

　何十社と受けても内定がもらえないことによる「就活うつ」や，内定をもらっても「本当にこれで良かったのか」と思い悩んで憂うつになる「内定ブルー」の学生には以前からよく出会う。逆に，複数の会社から内定をもらいながら，大学受験のすべり止めと同じように考えて簡単に断る学生もいて社会的問題になる。

　若松（2014）は進路探索行動を，①自己内省（自分自身について深く考える），②情報収集（興味だけでなく，就職可能性に基づいて情報を収集する），③外的活動（アルバイトやインターン，就活セミナーに参加する）の3つに分類したうえで，就職活動サイトがオープンになる大学3年生の秋までの時点で①にのみに基づく意思決定を行っていると，良い結果が伴わないと指摘する。②と③はコストがそれなりにかかるが，多種多様な仕事内容や，就労すること自体に対する自分の認知や態度を変えるクリティカルな機会になるかもしれ

ない。つまり，「変わらないままの今の自分が興味をひかれる職業」を探しているから就活がうまくいかないのだという指摘である。また，そのように変わらない自分を基準にしていると，身近なモノやサービスを中心とした狭い範囲で，客・消費者の視点からのみ職業を決めようとする傾向が強くなってしまうとも指摘している。

　社会経験の貧弱な筆者も，まさに若松の指摘する通りだろうと思うが，先に触れたように，一部にはルートからはずれることを極端に恐れて，強迫的に②と③に取り組む人がいることも忘れてはならない。不安に突き動かされて活動すると，②も③も浅薄なものになりがちで，結果として①にも割く時間がなくなり，目標を見失って心理的に不健康な状態に陥りやすい。

　こうしたことは，結局，アイデンティティが明確でないために他者を意識しすぎ，他からの情報に左右されやすい若者特有の行動なのかもしれない。しかし，彼らの不安を一層強くあおり，多様性社会を標榜しながら多様性への意識が欠けたような発言を繰り返し，再挑戦や回り道を否定するような日本の社会の動向も，就活における心理的不健康を助長していると思われる。

　筆者が危惧するのは，平塚（2017）が考察したように，就活にも生かされるはずの恵まれた能力や関係は人生の初期に，環境因によってすでに決定されてしまっているという諦観をもつ若者が増えている可能性である。「勝ち組／負け組」という表現は短絡的で無意味だが，その分類に至るプロセスや時間がまだ考慮されていた。しかし，諦観は社会階層の固定化を暗示させる。この諦観はいつしか，自分と他者，あるいは社会を破壊するほどの強い恨みにつながる。そうした恨みを心のなかで密かに養い続けている若者は「はらわたと魂で愛するんだ，この生まれる力，この若い力を愛するんだ」という感性や力すら邪魔なものに感じてしまい，イワン・カラマーゾフよりも深い絶望に陥るかもしれない。

▶ 文献

藤江玲子（2023）高校生のドロップアウトの予防に関する研究―子どもたちが幸せに生きることのできる社会へ. 大学教育出版.

平塚眞樹（2017）若者の移行の背景・過程とソーシャル・キャピタル. In：乾彰夫，本田由紀，中村高康 編：危機のなかの若者たち―教育とキャリアに関する5年間の追跡調査. 東京大学出版会, pp.335-359.

三村忠史, 倉又俊夫（2009）デジタルネイティブ―時代を変える若者たちの肖像. NHK出版.

若松養亮（2014）学校から職場への移行. In：後藤宗理, 二宮克美, 高木秀明ほか編：新・青年心理学ハンドブック. 福村出版, pp.434-446.

[特集] これからの時代を生きる高校生・大学生の処方箋

高校生の現在地と展望

高校教員の立場から

平澤千秋 Chiaki Hirasawa

専修大学附属高等学校

　筆者の勤務校は都内にある大学付属の私立高校であり，高校生といっても学校や地域，個人差がある。そうした詳細な部分まで触れることはできないが，高校生の現在地の一部分をお伝えできればと思う。

Ⅰ　揺らぐ学校文化の中で

　近年，学校は至極平穏だ。生徒は従順で生活指導上の大きな問題というものはほとんど起きていない。校内では教師と生徒それぞれを対象にハラスメント防止のための研修会が行われた。現在の高校生は力で押さえ込むようなやり方に対しては批判的な目を向ける。加えて急速にデジタル化が進む中で，感染リスクを下げるための合理化や効率化の影響も受け，生徒にもそうした傾向が強まってきているように思う。

　行動制限や次々に告知される行事などの中止や変更に慣れてしまったところもあるだろう。不可抗力に従わざるを得ない状況が社会全体を覆った。抵抗できない制限された社会状況に，生徒の間には諦めの感覚も漂っていた。黙食，ソーシャルディスタンス，マスクで口を覆うことを求められ，表現の方法はある種特異な状況に陥ったと言える。

　現在東京都では国の就学支援金に加えて授業料軽減助成金の制度が普及し，私立高校といっても金銭的に恵まれた家庭の生徒だけが学ぶ場所ではなくなっている。その一方で，高校生の所持品はかなり高額になってきている。財布・スマートフォン・腕時計・イヤホンなど，身につけているものの総額はどのくらいになるのだろうか。家族の形も変わった。一人っ子が増え，母子家庭や日本以外をルーツとする親を持つ生徒も増えている。

　付属の中学校をもたない筆者の勤務校は，公立の中学校から入学してくる生徒が多い。入学式からしばらくの期間，生徒はかなりのカルチャーショックを受ける。「自動販売機でジュースを買っていいですか」「休み時間にお菓子を食べてもいいですか」と中学校では認められなかったことが許されるのかどうかを職員室に聞きに来る。これまで徒歩で通学し，地域の中で生活してきたところに，電車通学が始まり，生徒数の多さにも圧倒される。学力的な面での自分の位置づけも変わる。高校に驚いている状況の中で，大学進学の話が出てくる。さすがに想像するにも限度がある。中1ギャップという言葉があるが，高校でも同じことが言える。高校生は3年間で急成長を遂げる。高校に入学したての1年生と3年生とでは子どもと

大人くらいの違いがあるように見える。上級生になるに従って自他を分けて捉え，違いも受け入れられるようになってくる。この成長のスピードを感じ取り，関わり方を決めていくことが，教職員・支援者においてはとても重要だ。

　コロナ禍，学校生活では行事や部活動の大会などが次々に中止となった。現在の高校生は，中学校で修学旅行に行っていない生徒が大半である。学校行事や部活動で先輩の活躍というモデルを見る機会を逃した影響は大きい。「学校」では下級生は常に上級生を見ながら自分の行動を選択していく。この循環が伝統であり学校文化なのである。上級生の姿を土台にして主体性が発揮される。盛り上がり大騒ぎする姿も，全力で闘って涙する姿も，服装も態度もいたずらも先輩を見て真似ていく。それが学年が上がって成長していくモチベーションになる。また，部活動や学校行事は人間関係を築くチャンスでもある。同時に，人間関係を修正したり問題解決を体験的に学習したりする貴重な場である。その機会が極めて少ない状態で現在に至り，ようやく部活動や学校行事が再開される中，生徒は何をどうやっていいのかわからなくなっている。目指すものが見えない中で，教師も生徒もかなり厳しい状況にあると言えよう。新しいものが生まれる好機とも言えるが，それにはもう少し時間が必要だ。

　モデルのない高校生活の中で，入学前に見た高校のホームページや，学校説明会で聴いた留学や語学研修，部活動などの実態は自ら動くことからしか情報が入らない。担任はここからアプローチをする。「まずは説明会に行きなさい。自分で行くことからしか始まらないよ」と。ようやく何人かが動き出す。「やっても意味がない」「他の人は参加しないのか」「面倒くさい」「説明会の時間に用事がある」「残りたくない」，そういう考えが行動を妨げる。まず自分の「考え」が行動を妨げる要因となることを言葉にして伝えたい。彼らの行動は担任の言葉の影響を受ける。当然，家庭では親の言葉の影響を受けているのだろう。

　筆者は教科の授業とは別に，認知行動変容アプローチ，こころのスキルアップ教育を取り入れた「メンタルサポート」の授業（総合的な探究の時間）を担当している。「問題解決のスキル」の単元では，課題を絞り込み，解決までのステップを細かく分けていく。初めて体験する生徒にとっては「この程度のことをやって目標に近づけるものなのか」と思うような一歩である。だが，その一歩が目標につながることを体験的に学び，「やってごらん」と行動に繋げることの意味は大きい。

II　課題解決力を育むために

　先日，キャリア教育の一環で，キャビンアテンダントとして活躍する卒業生の話を聴くというプログラムを行った。この卒業生は仕事以外でも世界各国でボランティア活動を行い，その多様な経験を写真と共に語ってくれた。日本と世界，文化や習慣の違う中での体験談に生徒はくぎ付けとなった。普段，「国際的に活動できる人になりたい」「国際系の学部に進学したい」，そう言っている生徒は少なくない。しかし現状は異文化どころか，教室で自分とは異なる他者とどう関わるかというところに課題が生じている。コロナ禍，留学も制限され，そうした中で生徒が思い描く世界と現実とのギャップは大きくなっている。高校生はまだまだ社会経験が乏しい。多くの高校生にとっては，高校生活という身の回りの世界こそが自分が生きる世界なのであろう。その一方，YouTubeやSNSを通じて，現実の世界あるいは異次元の世界に，我々の想像以上に触れている。しかし，そこに自分が実際に生きるということを繋げて考えることが難しいようだ。今や世界には不可能が可能になるものごとがひしめきあっている。そういう世界に自分はどう関わるべきか，それを考えていくためには教育の力が必要なのだと思う。

　授業ではアクティブラーニングが推奨されるようになった。グループワークには学力以外にさまざまな能力が求められる。勤務校のように自由が許容されている校風の中でも，ブレインストーミ

ングが苦手な生徒が多い。こういうことが高校生活の課題解決を困難にしているとも思われる。案を出す前に自分で良い悪いの判断をし，せっかくの案を引っ込めてしまう。「こんなことはできるわけがない」「これを言ったら変に思われるかもしれない」という考えに捉われる。だからこそ，まずはアイディアをたくさん出すことで問題解決の可能性が高まるということを伝えている。

　解決策の案出は，我々大人と行うのと，生徒同士で行うのとでは全く異なる。大人なら当然出てくる案が，高校生からはまったく出てこないこともある。それほど高校生が知っている現実の社会は狭い。一方で，生徒が考える解決策の中には我々では到底思いつかないものがある。SNSやYouTubeの中にある世界は我々大人には見えない世界である。そのため友達から出たアイディアであれば，なるほどと共感できるものも多い。また，ゼロから創り出すことも不得手だ。文化祭の出し物一つ決めるときでも新しいアイディアが出ることは少ない。ネット上にある他校の出し物やYouTube，バラエティ番組を真似た案にとどまってしまうのだ。

　「こころのスキルアップ教育」はこころのしなやかさを育む。授業を受けた生徒は「『そうでなくてもいい』という考えができるようになったことがとてもよい」と言う。同じような感想が複数の生徒から聞かれた。しかし，このような力を教科の授業だけで身につけるのは難しい。

　また，授業では目標を立ててそこまでのステップをつくるワークに取り組む。だが，提出されたワークシートからは作業の難しさが見て取れる。作ったステップを一つずつ進んでいっても目標までに辿りつかない。目標までの軌道がずれてしまうのである。実際，この作業は大人でも一人でやるのは難しいところがある。自分の期待する方向に進むための道筋を考えるのが難しいということは，高校生活の中で物事が思い通りにいかないことも少なくないのだろう。実生活では路線図を見ずにICカードをタッチして電車に乗っても目的地に到着できる時代だ。地図を見るのが苦手だという生徒も多い。動物の中で人間だけが先を見通して計画的に行動することができると聞く。この能力を活かして目的地までのステップの作り方を学ぶことは有益である。

III　すれ違う思い

　コミュニケーションの面ではどうか。クラスの中で女子のグループが敵対するような関係になったことがある。そうなった原因が理解できず，生徒と立ち話を繰り返し，筆者なりにその経緯を紐解いてみようと試みたことがある。わかってきたことはLINEを使ったコミュニケーションの在り方である。

　周知の通り，LINEのコミュニケーションは対面のように細部まで語ることがない。例えば生徒A「どうする？」，生徒B「やめとく」という会話である。このトークではなぜ「やめとく」のかは読み手にその解釈が任される。そこに悲観的な捉え方が生じることが少なくない。また，「やめとく」の一言で終わってしまったということが次の憶測を呼んでいることもあった。さらにその憶測をあたかも真実であるかのように友達に伝え，敵対するグループができていく。会話の内容だけでなくLINE上の行動，例えば「送信取消」などが勝手な解釈を上乗せしていく。書き手の意図とは全く違った解釈がなされ，その真偽を丁寧に確認することはないまま，思い込みの連鎖ができあがっていく。「なぜ自分の考えを伝えなかったのか」と問うと，「LINEで伝えた」という答えもあった。グループではそのトークを読んだかどうかもわからないのである。後々，その時の相手の真意を，対立する側の生徒に筆者から伝えた。自分の想像からかけ離れた相手の思いを知り目を丸くしていた。相手はどう考えたのだろうと，相手の考えに目を向けることが思いやりに繋がる。思いやりが感じられないやりとりに問題の大きさを感じた。

　また，コミュニケーションを難しくしていることのひとつに，彼らの心情が表面から見えにくく

なったというところがある。一昔前は喜怒哀楽が今よりはるかにわかりやすかった。ところが最近は，授業でも生徒の反応がわからないことが増えた。生徒は面白がるだろうと思って話しても反応がなく気落ちすることがある。それでも，休み時間になると「さっきの話，面白かった」と話しに来る。今では彼らのこのような面を踏まえた関わり方ができるようになったが，少し残念な気がする。

IV　願いをつかんで共に歩む

授業には傾聴のワークを取り入れている。3分程度ペアで自分のことを語る。生徒にはとても好評だ。なぜなら友達と毎日会話はしているが，自分のことを友達にこれほど語り，聴いてもらうという体験がないからだという。なかには高校生活でこんなに話したことがあっただろうかと言う生徒もいる。しっかりと向き合って対話するということに彼らは楽しさと喜びを感じるのだ。

このワークを取り入れる理由としては，生徒が友達の相談にのりたいという気持ちを持っているということがある。日頃，友人の力になれない無力さを感じるような体験があるのだろう。友達だけではない。誰かの役に立ちたいという思いが彼らにはある。授業では導入として，「災害が起きたとき」「学校が避難所になったら」などの話をするが，彼らは第一に自分の近くにいる友人や家族の力になりたいと思っている。

そして授業の中では，他者を支えることだけでなく「自分を支える言葉」を発表してもらっている。その幾つかを挙げてみよう。「努力したら報われる？　違うだろう。報われるまで努力するんだ」(いとうやまね『俺たちが戦う理由』コスモブックス)，「大丈夫と思えば，大丈夫」「なんとかなるさ」「自分ならできると信じればもう半分終わったようなものだ」(親の言葉)，「僕は僕らしくそして君は君らしく」(SUPER BEABVER「らしさ」)，「ミスをすることは悪いことじゃない。それは上達するためには必ず必要なこと」(松岡修造)，「その一つのミスで全てを否定されても怯え

るな」(大森靖子「非国民的ヒーロー」)，「高価な墓石を建てるより，安くても生きている方がすばらしい」(大事 MAN ブラザーズバンド「それが大事」)，「誰かを助けることは義務じゃないと僕は思うんだ／笑顔を見れる権利なんだ／自分のためなんだ」(SEKAI NO OWARI「Hey ho」)。

彼らはこうした言葉に支えられながら不安や落ち込みを乗り越え頑張っているのだ。彼らはある面とても素直であり，よりよい自分になりたいという前向きな思いがある。

あるとき，クラスの生徒に「コロナが終息したら何をしたいか」と尋ねた。回答の多くが「学校行事がしたい」というものであった。筆者はその答えに驚いた。旅行であったり，外食であったり，ライブであったり，他にも制限されていることはいくらでもあるはずだ。しかし，彼らはなにより行事と答えた。彼らの多くは高校生活に夢を抱いて入学している。その思い描く高校生活の風景は，揃いの T シャツを着て仲間と笑ったり汗を流したり，ステージで歌ったりする高校生の姿である。それは中学校と違う規模，レベルで，学校という環境の中でこれまで到底できなかった体験だ。ようやく学校行事が少しずつ再開され，文化祭の準備で早朝から登校するというときに，ある生徒は「これが青春だ〜！」と家で叫んだと言う。心を一つにして一つのものを作り上げること，盛り上がること，感動することを彼らは求める。高校生が熱狂するライブの感想などを見ても，そこには至極素直で全うな感情が溢れている。生身の人とつながり，まとまっていく感動が好きなのだ。

何がよくて，何がよくないか。何が役に立ち，何が問題なのか。彼らは感覚で捉えることができる。その一方で自分の行動はというと言うほどのことはできないし，真逆の行動をとることも少なくない。それほどチグハグした存在なのだ。まだまだ子どもの部分もあり，判断や行動など未熟なところばかりである。だが，他者との関わりにおいては，相手の言葉に納得できるかどうかということは彼らにはとても重要だ。大人との対話にお

いても，それが正論であるか否かで信頼関係がつくれるか否かが決まる。大人の考えが受け入れられなければ従うことを拒む。彼らが受け入れたか否かは彼らの上辺だけではわからないこともある。ホームルームでの担任からの注意や指示であっても，それをすることにどういう意味があるのか，なぜそれをしなければならないのかを，彼らが理解できるように説明されることが重要なのである。ある面真っ向勝負のところがある。いいものはいい，悪いものは悪い。反面，それが正論か否かは世論に流されることが多く，疑ってみるという姿勢は弱いのだ。

　こうして見てくると，高校生には彼らが願う方向に共に歩む存在がとても大切であると思う。真っ直ぐに向き合うことで信頼関係を結び，彼らの真の願いを確認しながら一緒に歩む。筆者は，高校生には光ある方向に進みたいという願いが根底にあると信じている。彼らにはうまくやりたいという気持ちはあるが，うまくはできないのである。その部分をサポートすることで大きく成長する。困っている部分に役立つ学びを提供することで，彼らは自分の力をより発揮できるのである。そして彼らの「できた」という感覚を掬い取り，共に喜び一緒に進んでいくことができれば，学校では教師と生徒双方の成長に繋がる。

　多忙な高校生活の中では自分に向き合う時間があまりに少ない。学校教育の中で自分に向き合いながら，困難な物事を乗り越えていく方法を学ぶ時間が必要だと考える。現実と自分の狭間で「どうしたらいいかわからない」の答えを見つけ出す方法を伝えていきたい。そういう思いで認知行動変容アプローチ「こころのスキルアップ教育」の授業を続けている。

[特集] これからの時代を生きる高校生・大学生の処方箋

大学生の現在地と展望

学生相談の立場から

高野 明 Akira Takano

東京大学相談支援研究開発センター学生相談所

Ⅰ　はじめに

日本の18歳人口は，第二次ベビーブーム世代が18歳だった1992年の205万人から，2040年には88万人へと減少すると見られており，2018年以降は，大学進学率の上昇を考慮しても，大学進学者数は減少局面に突入すると予測されている（文部科学省，2018）。大学への入学希望者総数が入学定員総数を下回る「大学全入時代」を迎え，日本の高等教育は，進学率が50%を越えるユニバーサル段階（トロウ，1976）に入っている。ユニバーサル段階の大学には，学力，目的意識，入学までの生活歴などの点で，より多様な学生が入学するようになっている。

日本の学生相談は，2000年代以降，発達促進的な教育活動としての位置づけが強調されるようになった。2000年に当時の文部省（2000）が公表した「大学における学生生活の充実方策について——学生の立場に立った大学づくりを目指して（報告）」や，2007年に日本学生支援機構（2007）が公表した「大学における学生相談体制の充実方策の充実について——『総合的な学生支援』と『専門的な学生相談』の『連携・協働』」では，学生相談が人間形成を促す大学教育の一環として位置

づけられ，多様な学生の個別ニーズに応じた支援を提供するために大学全体の学生支援力を強化する必要性が示された。また，2020年を目途に留学生受け入れ30万人を目指す「留学生30万人計画」が推進された結果，2019年には留学生数が30万人を超え（日本学生支援機構，2020），留学生を含むさまざまな文化的背景をもつ学生の多様なニーズに対応した支援のあり方が問われるようになっている（大西，2016）。

近年では，学生の属性や背景が多様になっているだけでなく，社会の急速な変化に対応して，学生の生活領域や生活様式も同様に多様になってきている。従来，大学生は，学業などの正課活動や，部活・サークルなどの正課外活動の他にも，アルバイトやボランティア活動など，さまざまな活動に取り組んでいたが，インターネットやSNSの普及によって，学生のコミュニケーションのあり方やコミュニティへの参加の仕方が，ボーダレスに，個別的に，また複雑になり，典型的な大学生の生活領域や生活様式が捉えにくくなっていると言えるだろう。

このような時代状況を受けて，近年，多くの大学が，キャンパスにおける多様性の尊重と包摂性の推進を重視するようになっている。個々の

「大学における学生相談体制の充実方策について」
（日本学生支援機構，2007）
● 全教職員の連携・協働
● 個別ニーズに応じた支援
● 大学の学生支援力を高める

学生と学生生活の多様化
● 学力，目的意識，生育歴
● 発達障害学生
● 留学生
● LGBTQ
● SNS の普及と生活領域の広がり

国立大学法人化

2000 年　　　　　　　　　　　2010 年　　　　　　　　　2020 年

「大学における学生生活の
充実方策について」（文部省，2000）
● 学生中心の大学
● 全ての学生を対象とする学生相談
● 人間形成を促すための学生相談

留学生 30 万人計画

大学全入時代へ

障害者差別解消法の施行
● 合理的配慮の提供
● 精神障害・発達障害も対象に

学生相談・学生支援のトレンド
→学生の多様性を反映した個別ニーズに応じた支援へ

図　学生と学生生活の多様化と学生相談・学生支援のトレンド

学生に適切な支援を提供し，包摂的な大学コミュニティを作っていくためには，多様な学生が抱える課題について正しく理解することが一層重要になってくる。図に，この 20 年間の学生相談・学生支援を取り巻く状況と，学生相談・学生支援のトレンドを示した。学生と学生生活が多様になるなかで，多様性を反映した個別ニーズに応じた支援が求められるようになっていると言えるだろう。

　ここからは，学生相談の実践を通して見えてくる，現代学生の心理発達的課題と大学生が抱える問題を概観し，大学生の現在地と展望について論じたい。

II　大学生の心理発達的課題

　10 代後半から 20 代前半の青年期を過ごす多くの学生にとって，大学におけるさまざまな経験が，成人期への移行に向けた自らのアイデンティティ形成に資するものとなる。学生生活は，学年が上がっていくなかで進展し，学生が向き合う課題も

それに応じて変化していく。この学生期を 1 つのサイクルとして捉え，学生生活の時間の流れや学年ごとの心理的課題の変化を軸として，大学生の成長プロセスを理解する「学生生活サイクル」というモデルが提唱されている（鶴田，2001）。学生生活サイクルでは，入学期（1 年生の時期）には「入学したことを肯定すること」と「新しい生活を開始すること」，中間期（2 ～ 3 年生の時期）には「生活を管理すること」と「学生生活を展開すること」，卒業期（4 年生の時期）には「進路を決めること」と「学生生活をまとめること」，大学院学生期には「研究生活になじむこと」と「社会に着地すること」というように，学年ごとに特徴的な心理発達的課題が整理されている（鶴田，2010）。学生の発達課題を理解するうえで，各期の大きなテーマは共通していても，大学ごとの特徴や時代状況に応じて，サイクルの詳細が変わりうることについては，従来から指摘されてきた（奥野，2020）。しかし，現代的な様相として，学生の多様化が進展したことで，同じ大学や同じ学部

の学生同士でも異なる多様なサイクルを体験するようになっていると言えるだろう。

　大学から社会全体に目を向けてみると，テクノロジーの進化は日進月歩で，その社会への影響も日々大きくなっている。社会の複雑さが増すなかで，我々の日常生活にインターネットやSNSが深く入り込み，学生のコミュニケーションや生活領域もさまざまな形で変化し，拡大している。オンライン，オフラインが交錯するなかで生きている若者が，SNSのアカウントごとに繋がる相手と見せる自分を使い分けるように，重なり合いの少ないそれぞれの生活領域ごとに自己を使い分けることが増えており，若者のアイデンティティは複数化，断片化，流動化していると指摘されるようになっている（溝上，2008）。

　学生相談の実践では，かつては，自らの悩みを言葉にしながら自己の確立に向けて模索することを，カウンセラーが支えるというプロセスが典型的なものであった。今世紀に入った頃からは，アイデンティティの模索に関する悩みが語られることは相対的に少なくなり，主体的に悩むことができない学生や，自らの葛藤を言語化できず，身体化，行動化する学生に多く出会うようになっている。こうした傾向の背景には，現代青年の自己が断片的で不連続になっていることがあるとも指摘されている（高石，2020）。このような自己のあり方は，従来，アイデンティティ拡散として否定的に捉えられていたものだが，多領域化する現代社会ではむしろ適応的なあり方であるとも考えられる。適応的な学生は，場面や文脈によって，いろいろな自分を上手に使い分けている一方で，発達障害のある学生のように，生活領域に応じた臨機応変な自己の使い分けが苦手な学生は，一貫した自己像を持つがゆえに，生きづらさを抱えることにつながってしまう場合もある。

III　大学生が抱える課題

　2021年度に実施された学生相談機関を対象にした調査では，学生相談機関が，不登校や引きこ

もりの問題に加えて，留学生への支援，LGBTQ学生の支援，といった多様な問題に取り組んでいることが示されている（杉江ほか，2022）。

　発達障害学生の支援については，2016年に「障害を理由とする差別の解消の推進に関する法律」が施行され，不当な差別的取扱いの禁止と合理的配慮の提供の義務が明文化されたことを契機に，支援のあり方が議論され（例えば，日本学生相談学会（2015）），体制整備が進展した。発達障害学生の問題の現れ方は個別性が高く，その時々の学生の困難を把握して望ましい支援や配慮を検討していく，きめ細かな対応が求められる。近年では，初等・中等教育段階から個別の配慮を受けていた学生が入学してくることも増えており，高校の担当者との連携といった支援の高大接続が課題となっている。また，障害を抱えて社会に出て行くためのキャリア支援や大学から社会への接続についても，就労支援機関や障害学生の就職支援を行う企業などとの連携が増えてきている。

　学生の性の多様性を尊重し，その支援を充実しようという動きも盛んになってきている。2018年に公表された「大学等における性的指向・性自認の多様な在り方の理解増進に向けて」では，性的指向・性自認の多様なあり方に関する理解を促すために，当事者の学生が学生生活を送るうえで大学等に求められる対応に関し，大学等における性別情報の取扱い・管理方法のほか，授業や学生生活等における配慮等，必要となる支援等が示されている（日本学生支援機構，2018）。発達障害と同じように，性自認や性的指向にもグラデーションがあり，個別のニーズに応じたきめ細かな対応が求められるが，セクシュアル・マイノリティの心理支援についてのコンピテンシーを有した専門家が少ないことや，キャンパスにおけるフォビアやマイクロアグレッションの問題を改善するための大学コミュニティへの働きかけをいかに行うかが課題となっている。

　大学生を含む若年層の自殺の問題は引き続き課題となっている。大学生の自殺者数は2011年か

ら 2018 年まで減少傾向にあったが，2019 年に増加に転じている（厚生労働省，2022）。文部科学省（2022）の調査では，大学生の自殺死亡率は，一般人口の年齢階級別自殺死亡率と比較して低いことが報告されているが，自殺既遂者で学内の保健管理施設を利用していた学生は 1 割強にとどまっていることも明らかになっており，危機的な状況にある学生にいかに支援を届けるかが課題となっている。

　前述したように，葛藤を抱えて悩む学生が少なくなる一方で，ひきこもったり，他罰的な行動でトラブルとなるような事例が目立つようになってきている。「拡大自殺」と考えられるような事件についてのニュースが世間を騒がせることも増えてきているが，そこまで深刻なものではなくとも，他罰的な傾向から行動化に至り，警察と連携して対応する事例も増えてきている。ハラスメント，ストーカー，性加害・性被害，薬物乱用といった，事件性のある事例で関係者と連携した危機対応が求められることも少なくない。

　新型コロナウイルス感染症の拡大の影響についても触れておきたい。日本で感染拡大が始まった 2020 年度は，多くの大学で，キャンパスの入構が制限され，学業を含むあらゆる学生生活がオンライン化された。本来あったはずのキャンパスライフが失われ，大学生の心理にもさまざまな影響が生じた。特に，2020 年度の新入生は，入学と同時に対面での活動が制限され，入学期の初期適応が求められる時期に，オンライン中心の学生生活を余儀なくされ，自分ではどうしようもない変化に振り回されることとなった。池田ほか（2021）は，2020 年度の新入生が，例年と比べて抑うつ・不安傾向が強く，ハイリスク群も多かったと指摘している。本稿執筆現在（2023 年 3 月），2020 年に入学した学生の就職活動が本格化する時期を迎えているが，「ガクチカ（学生時代に力を入れたこと）がない」と訴える学生も多い。2019 年度と比較して 2020 年度の新入生の抑うつ度が低かったという報告（山内ほか，2022）や，学生相談機関の来談者のなかで自殺関連の悩みを持つ学生が減少したという報告（Otsuka et al., 2023）もあり，コロナ禍の学生への影響については断定的なことは言えないものの，今後も注視していく必要があるだろう。

Ⅳ　現在地を追いかける

　現代社会の変化のスピードは非常に速く，若者は世の中の変化に敏感で強く影響を受けるため，その心のありようも常に変化していく。デジタルネイティブ世代の若者たちの文化や価値観は，多様で移ろいやすく，我々大人たちには理解しづらく，ややもすれば否定的に捉えてしまうこともあるかもしれない。大学が学生にとって豊かな育ちの場となるよう，支援する側の我々も，その変化についていく必要がある。

　不連続で多元的な自己をもつ若者に対しては，内省と言語化を基本とする心理療法的関わりが有効でないこともあり，連携・協働により関係者とのネットワークを作って支援したり，予防教育的な活動や，ピアサポート，アウトリーチなどで，コミュニティ全体に働きかけることがより重要になっている。コロナ禍で対面活動が制限されたことへの対応として急速に普及した遠隔相談は，多くの若者にとって馴染みやすい方法でもあり，ひきこもり傾向のある学生など，今まで学生相談機関へのアクセスが難しかった層の学生と繋がることも容易になった。多様性を尊重する支援に関しては，西洋的な伝統的心理療法が，異なる文化的背景をもつ学生には馴染まないため，多文化に対応した支援を提供することが必要であるという知見もある（Soto et al., 2018）。アメリカでは，カウンセラーがキャンパスに出て行き，心理療法的な枠組みを用いずに手軽な相談を行う "Let's Talk" という取り組みが，普段は学生相談にアクセスすることが少ないマイノリティ学生に適した方法として注目されている（Boone et al., 2011）。日本でも，支援を必要とする学生に対応した支援方法は何かということを，従来の心理療法的関わ

りにこだわらずに柔軟に模索していくことが必要であり，そのためにも支援者には，動きを止めない大学生の現在地を常に追いかけ続けることが求められると言えよう。

▶ 文献

Boone MS, Edwards GR, Haltom M et al.（2011）Let's talk : Getting out of the counseling center to serve hard-to-reach students. Journal of Multicultural Counseling & Development 39-4 ; 194-205. DOI:10.1002/j.2161-1912.2011.tb00634.x

池田忠義，長友周悟，松川春樹ほか（2021）新型コロナウイルス感染拡大状況下における大学新入生の不安とその支援．学生相談研究 42-2 ; 91-104.

厚生労働省（2022）令和 4 年版自殺対策白書（https://www.mhlw.go.jp/stf/seisakunitsuite/bunya/hukushi_kaigo/seikatsuhogo/jisatsu/jisatsuhakusyo2022.html［2023 年 2 月 28 日閲覧］）.

溝上慎一（2008）自己形成の心理学―他者の森を駆け抜けて自己になる．世界思想社.

文部省（2000）大学における学生生活の充実方策について―学生の立場に立った大学づくりを目指して（報告）（https://www.mext.go.jp/b_menu/shingi/chousa/koutou/012/toushin/000601.htm［2023 年 2 月 28 日閲覧］）.

文部科学省（2018）2040 年に向けた高等教育のグランドデザイン（答申）（https://www.mext.go.jp/b_menu/shingi/chukyo/chukyo0/toushin/1411360.htm［2023 年 2 月 28 日閲覧］）.

文部科学省（2022）令和 2 年度 大学における死亡学生実態調査・自殺対策実施状況調査（https://www.mext.go.jp/a_menu/koutou/gakuseishien/1290845_00002.htm［2023 年 2 月 28 日閲覧］）.

日本学生支援機構（2007）大学における学生相談体制の充実方策の充実について―「総合的な学生支援」と「専門的な学生相談」の「連携・協働」（https://www.jasso.go.jp/gakusei/publication/jyujitsuhosaku.html［2023 年 2 月 28 日閲覧］）.

日本学生支援機構（2018）大学等における性的指向・性自認の多様な在り方の理解増進に向けて（https://www.jasso.go.jp/gakusei/publication/lgbt_shiryo.html［2023 年 2 月 28 日閲覧］）.

日本学生支援機構（2020）2019（令和元）年度外国人留学生在籍状況調査結果（https://www.studyinjapan.go.jp/ja/statistics/zaiseki/data/2019.html［2023 年 2 月 28 日閲覧］）.

日本学生相談学会（2015）発達障害学生の理解と対応について―学生相談からの提言（https://www.gakuseisodan.com/wp-content/uploads/public/Proposal-20150425.pdf［2023 年 2 月 28 日閲覧］）.

奥野光（2020）学生を理解する視点．In：日本学生相談学会 編：学生相談ハンドブック［新訂版］．学苑社，pp.45-58.

大西晶子（2016）キャンパスの国際化と留学生相談―多様性に対応した学生支援サービスの構築．東京大学出版会.

Otsuka H, Fujiwara S & Takano A（2023）Changes in suicide-related indices at a student counseling center at a Japanese University before and after COVID-19. Asian Journal of Psychiatry 81 ; 103462. DOI:10.1016/j.ajp.2023.103462

Soto A, Smith TB, Griner D et al.（2018）Cultural adaptations and therapist multicultural competence : Two meta-analytic reviews. Journal of Clinical Psychology 74-11 ; 1907-1923. DOI:10.1002/jclp.22679

杉江征，杉岡正典，堀田亮ほか（2022）2021 年度学生相談機関に関する調査報告．学生相談研究 43-1 ; 56-89.

高石恭子（2020）学生相談における見立て In：日本学生相談学会 編：学生相談ハンドブック［新訂版］．学苑社，pp.60-74.

マーチン・トロウ［天野郁夫，喜多村和之 訳］（1976）高学歴社会の大学―エリートからマスへ．東京大学出版会.

鶴田和美（2001）学生のための心理相談―大学カウンセラーのメッセージ．培風館.

鶴田和美（2010）学生生活サイクル．In：日本学生相談学会 50 周年記念誌編集委員会 編：学生相談ハンドブック．学苑社，pp.34-41.

山内星子，杉岡正典，鈴木健一ほか（2022）コロナウイルス感染症流行時に入学した学生の心理的特徴―文系・理系・医療系別の検討．学生相談研究 42-3 ; 222-229.

[特集] これからの時代を生きる高校生・大学生の処方箋

不安定な社会で若者が生きていくために

阿比留久美 *Kumi Abiru*

早稲田大学

I　個人化するリスク社会における　アイデンティティの不安定化

　現代の若者は，新自由主義化が進展していく中で，急激に変化していくリスク社会を常態として生まれ育ち，今後も生きていくことになる。リスク社会とは，マクロな事柄からミクロな日常生活の細部に至るまで，人びとが絶えずリスクに直面し，それに対して個人で対応していくことが求められる社会である（ベック，1998）。現代の日本を生きる人々をめぐる状況は，まさに，ウクライナ侵攻や環境破壊といったマクロな問題から，不可避となった人口減社会や生活費高騰といった国内問題，果てはどこの自治体に住むか，誰とつきあうかといった日常のミクロな選択に至るまで，生活環境全体の不安定化によって生じたリスクに日々対応しなければならないものとなっている。地域社会の紐帯が弱まり個人化が進む中で，人々は，「選択の自由」を行使すると同時に，選択の結果に個人が責任を負うことを課せられながら日々を営んでおり，どのように生きるかという個人的な選択肢の増大を享受するとともに，増大するリスクも個人の肩に背負わされている。そのような「選択の自由」とリスクの両方が増大する中

で，現代の人々は，確信できるものを欠いたアノミー的状況におかれつつ，一つひとつの行為がどのような結果を生むかを常に考え，その結果を強制的に引き受けることを余儀なくされながら再帰的に行動を更新していくことを求められ続けている（ベックほか，1997）。

　このような社会で人は，変化の激しい社会の要請に対応した自己を形成していくことを求められている。そこでは，社会の要請に応じた適応的な自己を形成すると共に，「私とはこういう存在だ」と言えるような自己――アイデンティティ――の形成や確認もまた必要となる。そして，激しい変化に個人的に対応していくことが求められている社会において「アイデンティティはそれと認められるだけの堅固さをもたねばならぬ一方，激しく変化する環境に順応して変化する柔軟性ももたねばなら」ず，人びとは難しい舵取りを余儀なくされている（バウマン，2001，p.64）。そのため，アイデンティティを形成することは，より困難になっており，アイデンティティの確認や安定化のために，他者からの承認が重要になっている。

II　アイデンティティを支える承認の複雑性

　そこで，本稿では，社会哲学的に承認論を展開

している Axel Honneth に依拠して，高校生・大学生といった若者がこれからを生きていくための道すじを考えていきたい。

　Honneth は，承認の形式として，①愛情，②法（権利），③社会的価値評価の３つをあげている。１つめの愛情は，友情や恋愛や親子関係といった具体的な人格間の強い感情的な結びつきを示し，相互的なケアの経験によって情動的な信頼を確信し，自己尊重と自立を肯定する関係性である。２つめの法（権利）とは，共同社会における規範的な視点から「人間の尊厳」を保障する人権や社会権が普遍的に妥当性をもつものとして捉えられ，存在を社会的に承認されるといったものである。３つめの社会的価値評価とは，個々人が，社会的な目標基準値の実現に貢献できる性質や能力の程度（「業績」！）によってはかられるものである。２つめの法（権利）が人間の一般的な性質や普遍性に基づいておこなわれる承認の形式であるのに対し，３つめの社会的価値評価は個々の人間の性質の差異に基づいておこなわれる承認の形式であるという点で大きな違いがある（ホネット，2003, pp.124-175）。

　１つめの愛情による承認を獲得する対象として，若者にとって重要度が高いのは，学校を中心として編まれる友人関係である。しかし，若者にとっての友人関係は必ずしも安心し，期待できるものではなく，若者たちは友人関係を形成・維持するために，たえず場の空気を読みながら，友人とのあいだに争点をつくらないよう，高度に配慮しあい，対立の回避を最優先にする「やさしい関係」を形成している（土井，2008, pp.7-8）。そこでは，自分の対人レーダーがまちがいなく作動しているかどうか，常に確認しあいながら，周囲の人間と穏当で平和な関係を維持することが，日々を生き抜く知恵として強く要求されている。土井隆義は，その様子を「大人たちの目には人間関係が希薄化していると映るかもしれないが，見方を変えれば，かつてよりもはるかに高度で繊細な気くばりを伴った人間関係を営んでいるともいえ

る」（土井，2008, pp.16-17）と評している。

　３つめの社会的価値評価とは，学齢期には学力やスポーツ，芸術，あるいは容姿などによって，学校を修了してからは就職した会社の名称やそこであげている業績によって，個々人の価値が評価されることを指す。個人の能力や業績によって評価され，個人が価値づけられていくことによって，人は再帰的に自己の行動・能力・業績を推し量り，もっとそれらを向上させるようとしたり，あるいはみずからの社会的価値評価にふさわしい立場に甘んじるようになる。このような状況下では，人々は絶えず変化する自らの評価と位置を確認しなければならないため，社会に対する不安が喚起される。

　しかも，愛情と社会的価値評価は互いにわかちがたく結びついてもいる。勉強やスポーツができたり，コミュニケーション能力（いわゆる「コミュ力」）が高ければ，社会的価値評価は高まり，それが友人や恋人を獲得しやすくするため，愛情も得ることができる。その逆もまた然りであり，社会的価値評価の低さが愛情の得づらさにもつながっていく。

　両者の結びつきを理解するために，スクールカーストを例にあげてみよう。スクールカーストは，学校内において生徒同士が「陽キャ」や「陰キャ」などと値踏みをしあう中でおこなわれるランク付けで，中高校生時代に特に顕著なものである（鈴木，2012）。それぞれがそのランクに応じた振る舞いや人間関係を構築することを求められるため，そのランクに沿って友人関係や恋愛関係も規定されてしまう。スクールカースト中位の生徒がスクールカースト上位の生徒と恋愛関係になることなどは，「わきまえない」態度・行動として，たたかれる原因になるのである。

　さらにいえば，社会的価値評価は重層的であるために，非常に複雑な様相をみせる。たとえば，個々人のスクールカーストと学力達成による評価とは必ずしも一致せず，たいていの人は，すべての局面で高い社会的価値評価を得ることが難しい。多くの若者は，ある側面では社会的価値評価

を獲得しつつも，別の側面では社会的価値評価を得られないため，自分が安心感をもてるだけの承認を獲得することができないまま，日々を過ごすことを余儀なくされる。

III　自己肯定感の低さと人権感覚の希薄さ

そのような承認の欠如は，自己肯定感の低さともつながっていると考えられる。若者の自己意識についての国際比較をすると，日本の若者は自分の個性や有用感，日々の楽しさ，夢中になれるものの存在，目標や方向性の獲得，達成経験などすべての項目で自己肯定感がきわめて低い（日本財団，2022）。そして，その傾向は子ども・若者の自己肯定感に関するあらゆる国際比較調査にみられるところである。

その背景として，日本の子ども・若者は，自分の希望や要求を実現することよりも，周囲の期待や願望に応えなければならないと感じ，「偽りの自己の形成」（ミラー，1996）に翻弄されているということがあげられる。「偽りの自己形成」を続けることによってかれらは自己喪失感や自己の存在感の希薄さを感じ，周囲の期待や願望に応えるための行為は「やらされ」感となって，生活意欲が奪われていってしまうのである（喜多，2015，pp.38-39）。

そのような日本の子ども・若者の自己肯定感の低さや不安感は，人権・権利感覚の低さと連動するものであり，子ども・若者の活動意欲の低さや受動性は，内発的動機付けによって活動する機会をもてず，自己形成の権利を奪われていることによると喜多明人は指摘する（喜多，2015，pp.31-63）。

実際に，日本における子どもの権利や社会権といった人権に対する意識は低い。たとえば，子どもの権利の内容についての認知度は34.3%と低く（セーブ・ザ・チルドレン・ジャパン，2021），子どもが権利を主張することに対して「わがまま」「義務を要求する前に責任を果たすべき」という意見があがることは少なくない。

そういったことに鑑みると，Honneth のいう

法（権利）による承認という形式は，日本の子ども・若者にとってはリアリティが薄いものであるといえよう。そして，そのことは，愛情という承認形式においては，「やさしい関係」を維持するために友人関係に細かに気を配り，社会的価値評価という承認形式においては，自分の無価値さをつきつけられる恐れとともにあらなければならない日本の子ども・若者が，法（権利）によって無条件に保障される承認を得られないままに，承認を獲得しようともがかなければならないことを意味する。

IV　アイデンティティの不安をのりこえる異化志向

では，そんなアイデンティティの不安をのりこえるためにはどのような視座が有効であろうか。そのための視座として，わたしは石川准（1992）の提案する異化志向を提案したい。

社会的価値評価とは，基本的に社会の支配集団やその人の所属集団といったマジョリティが「よい」とする社会的価値を「よい」ものとして評価し，その価値に従った生き方や表現の仕方を求めるために，同化志向となる。そこで認められる価値は，マジョリティの価値に沿った狭い範囲に限定されるため，同一の価値基準の中での相対評価となるため序列をともなう差異化が起こり，価値縮減作用が働く。

それに対して，異化志向では，一つひとつの差異＝個性に価値を認め，多様な価値を承認していくよう志向する。そのため，異化志向における差異は序列化を伴わないものとなり，多様な価値が受け入れられ，価値増殖作用を備えるようになる。異化志向のもとで，あらゆる同化圧力に拘束されない「自分流の生き方」を自由に追求し合うことにより，生き方の自由度は大きくなり，より互いの価値を認め合いやすくなるだろう。

その際，注意しなければならないのは，異化志向とは「違った自分でなければならない」ということではなく，「違った自分であってもかまわな

い」という志向である，という点である。なぜならば，「違った自分でなければならない」となるとそれは同化志向とはまた違った角度からの規範的要請を含むものとなり，多様な個性を肯定できる範囲に制限が生じてしまうからである（石川，1992, pp.80-93）。

未だ日本社会では協調性が重んじられ，同化志向が強いのが現実ではあるが，ダイバーシティ（多様性）の推進が掲げられている現在，異化志向を実現していける可能性は広がっている。一人ひとりの異化志向を目指す実践が蟻の一穴となり，社会の価値基準が変化していく可能性は十分ある。

V　社会規範の相対化

とはいえ，未だ社会の同化志向が高いのは事実であり，それは，若者自身の首をしめ，みずからの歩みを苦しいものにしている。

たとえば，日本では，専門学校であれ大学であれ，高等教育へは高校卒業後すぐに進学するのが圧倒的多数である。しかし，世界に目を向けると，日本の高等教育入学平均年齢が18歳であるのに対し，OECD諸国の高等教育入学平均年齢は22歳となっており，デンマークやスイスの入学平均年齢に至っては25歳である（OECD, 2022）。

また，多くの大学生たちは3年生から就職活動をはじめ，大学卒業と同時に就職していく。それは，日本では新規学卒一括採用の傾向が強く，在学時に「新卒カード」を使って就職活動をすることが有利に働くからである。このように，日本では，学校から学校への移行，学校から社会（就労）への移行が間断なく進むことが規範とされているが，実際の若者の歩みをみてみると，最終学校卒業と同時に就職し，初職を3年以上継続している「ストレーター」は高校入学者を100人とした時にたった41人しかいない（児美川，2013）。強固な規範意識が若者の間にはあり，それが若者を在学時からの熱心な就職活動に駆り立てているが，規範意識と実態との間には乖離があり，ストレートに歩み続けることができる若者は，数的にはむ

しろマイノリティなのである。

これらの例からわかるのは，若者をはじめ多くの人々は社会において望ましいとされる規範に縛られがちであるが，その規範はより広い範囲でみた時には必ずしも当たり前のものではなかったり，実態としては少数派であるケースがある，ということだ。だとするならば，社会に流布する一般的な規範に縛られることはナンセンスであり，社会規範に振り回されることなく，実態はどのようになっているかを自分の目で確認し，社会規範を相対化していくことが求められるし，それによって，若者の歩みは少し楽なものになっていくだろう。

VI　若者が生きていく社会に対する大人の責任

さて，ここまで私は，若者に対して，生きづらい社会を生きていく術として，異化志向と社会規範の相対化を提案してきた。異化志向も社会規範の相対化も，今社会に蔓延している「普通」や「あたりまえ」に抗する行為であるため，ハードルが高い行為のように感じる人もいるだろう。たしかに，そのような行為を選択し，実行するには，ある種の強度が必要であり，実行できる人は限られるかもしれない。また若者自身の行為のみによって，現代社会を生き抜いていく術を説くのであれば，それは最初にとりあげた個人化社会への適応手法の亜種にすぎない。

そのように考えると，若者が生きていきやすい社会になっていくためには，若者個々人のみに責任を課すのではなく，それを支える大人や社会の責任も同時に問わねばならないだろう。

学校教育のあらゆる段階において子ども・若者に対する権利意識を涵養するとともに，実際に権利を行使できるような機会を学校においても地域においても整えていく責任が大人にはある。そして，子ども・若者が多様な大人と出会う機会を創出するとともに，社会の価値の相対化を共に進めていく試みにかかわっていけるとよい。紙幅が尽きたので，そのことを指摘して，稿を閉じたい。

▶文献

ジグムント・バウマン［森田典正 訳］（2001）リキッド・モダニティ．大月書店．

ウルリヒ・ベック［東廉，伊藤美登里 訳］（1998）危険社会―新しい近代への道．法政大学出版局．

ウルリッヒ・ベック，アンソニー・ギデンズ，スコット・ラッシュ［松尾精文，小幡正敏，叶堂隆三 訳］（1997）再帰的近代化―近現代の社会秩序における政治，伝統，美的原理．而立書房．

土井隆義（2008）友だち地獄―「空気を読む」世代のサバイバル．筑摩書房［ちくま新書］．

アクセル・ホネット［山本啓，直江清隆 訳］（2003）承認をめぐる闘争―社会的コンフリクトの道徳的文法．法政大学出版局．

石川准（1992）アイデンティティ・ゲーム―存在証明の社会学．新評論．

喜多明人（2015）子どもの権利―次世代につなぐ．エイデル研究所．

児美川孝一郎（2013）キャリア教育のウソ．筑摩書房［ちくまプリマー新書］．

アリス・ミラー［山下公子 訳］（1996）〈新版〉才能のある子のドラマ―真の自己を求めて．新曜社．

日本財団（2022）18歳意識調査 第46回：国や社会に対する意識（6カ国調査）（https://www.nippon-foundation.or.jp/app/uploads/2022/03/new_pr_20220323_03.pdf）（2022年3月24日公表／2023年3月20日閲覧）．

OECD（2022）図表で見る教育 2022（https://www.oecd-ilibrary.org/sites/22bcdfd2-en/index.html?itemId=/content/component/22bcdfd2-en［2023年3月20日閲覧］）．

セーブ・ザ・チルドレン・ジャパン（2021）子どもアンケート―国による子どものための新しい取り組み 調査結果（https://www.savechildren.or.jp/news/publications/download/kodomonokoe_matome202111.pdf（2021年11月20日公表／2023年3月20日閲覧］）．

鈴木翔（2012）教室内カースト．光文社［光文社新書］．

🐾 [特集] これからの時代を生きる高校生・大学生の処方箋

「あなた」と「わたし」の境界
恋愛とデート DV

松並知子 Tomoko Matsunami
同志社大学フェミニスト・ジェンダー・セクシュアリティ研究センター

I　はじめに

「彼氏から頻繁に連絡があり，すぐに返事しないとキレられる」「お前はダサいからもっとおしゃれをしてほしいと，彼氏から，ファッションについても細々と文句を言われる」「友だちが恋人から暴力をふるわれている。別れたほうがいいと言っても，あの人は本当は良い人なんだなどと言って別れようとしない」「昔つきあっていた彼氏は本当に束縛がひどかった。今ならあれは DV だったんだとわかる」「避妊に協力しないのも性暴力なんだと聞いてドキッとした」

以上は，私が大学生から聞いた発言やコメントペーパーに書かれた感想である。女子大学で授業を担当していることが多く，女子学生からの声を聞くことが多いが，男子学生からも，交際相手の女性から DV を受けていたと聞いたことがある。

「彼氏から，お前のことは嫌いになったから別れたいと言われた。私のことをあまり大切にはしてくれない人なんだけど，別れたくない。私は彼に依存しているのでしょうか」などと語っていた学生から，ほんの 1 カ月後に「新しい彼氏ができました！　今度の人は大丈夫です」と明るい顔で言われると，授業の効果はあったのだろうかと，彼女の行く末が心配になってしまう。このようなことは日常茶飯事である。

欧米では，交際相手による暴力を表す言葉として，夫婦間・恋人間の暴力を含む親密な関係における暴力（Intimate Partner Violence : IPV）という言葉が一般的に使われているが，日本では，事実婚を含む夫婦間・家庭内の暴力としては Domestic Violence（DV），同居していない交際相手による暴力としてはデート DV という言葉の方がよく知られているようである。デート DV とは親密な関係にある（あるいは過去にあった）二者間の暴力のことであり，具体的な暴力行為がなくとも支配／被支配関係があり，一方が「パートナーの顔色を見てビクビクしてしまう」「自分の気持ちや意思よりもパートナーの意向を優先するしかない」などと思っていれば，それは暴力であるといえるであろう。2001 年に「配偶者からの暴力防止及び被害者の保護等に関する法律（DV 防止法）」が施行されたが，同居していないカップルの場合はこの法律の適用外であるため，当事者間のみの問題として扱われることが多く，第三者や行政の介入が難しいことから，新たな社会問題となっている。

本稿では，デートDVの実態やそのような関係に陥ってしまう要因について，また支配的・暴力的関係とは正反対の安全で対等な関係とはどのようなものかについて，若者に人気の漫画などを例に挙げて，考察してみたい。

II　デートDVの現状

内閣府男女共同参画局（2021）が実施した成人対象の調査では，「交際相手からの暴力の被害がある」と答えたのは，女性の16.7%，男性の8.1%であり，そのうち，「命の危険を感じた」のは女性の23.7%，男性の7.2%であった。親密な関係にある相手からとは限らないが，「無理やり性交等をされた被害経験がある」と答えたのは，女性の6.9%，男性の4.1%，「特定の相手からの執拗なつきまとい等の被害を受けたことがある」のは女性の10.7%，男性の4.0%であった。男女ともに暴力の被害経験者は少なくないが，特に女性は命の危険を感じるような，より深刻な暴力や性暴力を受ける経験が男性よりも多い。

交際相手からの被害経験のある人は結婚後も配偶者からの被害経験率が高いことが報告されており（内閣府，2018），デートDVはDVの予備軍になっていると考えられる。またDVは児童虐待と関連することが多いことを考慮すると，デートDVの段階で被害者・加害者への早急で適切な対応が肝要である。また，社会全体でデートDVを助長するような風潮を改め，デートDVをなくすような対策が必要であるが，まずは若年層に対する教育が喫緊の課題である。具体的にはデートDVを生じさせないような予防プログラムを低年齢から実施する必要があるが，実際に実施している教育機関はまだ少ない。私が参加しているデートDV研究グループでは，高校生対象のデートDV予防教育プログラムを無償で実施しているが，実施させてくれる高校は非常に少ない。背景には，未だにデートDVなどの恋愛関係にまつわるリスクに関心が低いということや「寝た子を起こすな」という風潮があると考えられる。

III　デートDVを生じさせる心理的・社会的要因

1　自分と恋人は一心同体——依存的恋愛観

交際相手からの暴力被害経験に関する成人対象の調査によれば（松並ほか，2017），「げんこつや怪我をさせるようなもので殴られる」「別れるなら死んでやると言われる」などの"身体的暴力・脅迫"の被害経験率は女性16.2%，男性22.2%，「性交を強要される」などの"性的暴力"の被害経験率は女性30.8%，男性21.5%であった。これらの被害経験もかなり多いが，「友人との付き合いを制限される」などの"精神的暴力：束縛"の経験者は女性34.1%，男性40.3%，「否定したり，意見を認めなかったりする」「相手の意に沿わないと無視される」「人前で侮辱したり，ののしりたりする」などの"精神的暴力：自尊心低下"の経験者は女性46.5%，男性38.2%と，精神的暴力の被害経験者がより多かった。「嫉妬するのは自分のことを好きだから」「束縛は愛の証」などと思うような風潮もあるので，暴力を受けていても気づかない場合も多いのかもしれない。

このような制限・束縛に関する暴力や相手を見下すような暴力が多く起こっている背景としては，「精神的に自立できずに恋人に完全に依存してしまうような状態こそが通常の恋愛スタイルである」「自分と恋人は一心同体であり，恋人は自分のものだから自分の好きなように支配しても良い」と信じるような恋愛観があると考えられる。このような恋愛観のことを「依存的恋愛観」という（表参照）。

具体的には，「自分と恋人とは一心同体であるから，相手は自分のことをわかってくれて，自分の思い通りになってくれて当然である」という考えから暴力加害に，反対に「相手の気持ちをわかってあげて自己犠牲的に尽くすことは良いことである。相手の暴力的行為は愛情から出たものである」という思考から暴力被害につながる（伊田，2010）。この依存的恋愛観は，現在，多くの

若者が共通してもっている心性であると思われるが，多くの調査において男性の方が女性よりも強く有しているという結果が見られる（松並ほか，2017；松並，2020）。上述したように，男性には女性を「自分の所有物」にしたいと思う傾向があるため，相手との境界線をなくし相手と一心同体になりたいという欲求がより強いのかもしれない。

　依存的恋愛観をもっている人は，男女ともに，暴力を容認する傾向が強いという調査結果が見られるが（松並ほか，2017），一般的には男性が加害者に，女性が被害者になりやすい傾向が見られる。男性の「男がパートナーをリードしなければならない」という思いこみが女性への支配につながり，時として暴力に発展する傾向があり，また女性の場合は，「母性愛こそが女性の美徳」「女は男に尽くすべき」などの「女性性」が暴力を甘受する傾向に関連する。つまり，伝統的な男らしさや女らしさが女性への暴力の引き金となっていると考えられる。

2　人気の少女漫画に見る依存的恋愛観

　上述した依存的恋愛観を反映したような漫画や小説，ドラマ，映画などは多く，そのようなコンテンツが「依存的な恋愛＝理想的で幸せな恋愛」という風潮を助長していると考えられる。たとえば，漫画『オオカミ少女と黒王子』（八田，2011）では，主人公の高校生エリカがイケメンの同級生の恭也に彼氏のフリをしてもらう見返りとして，「犬」として絶対服従を命じられるという設定から始まる。恭也は他人を信じないドS男子であるという少女漫画によく見られるようなキャラクターであり，支配的で暴力的，つまりは「男性的」であるという傾向が見られる。また「おまえ俺の彼女なんだから，だまって守られてりゃいいんだよ」「俺以外の男にしっぽふってんじゃねーよ」「こいつは俺のだから。勝手に傷つけられると腹立つんだよね」という恭也のセリフには，恋人は自分の「所有物」であって二人は一心同体であるとい

表　依存的恋愛観尺度項目

1. 恋人の間では，干渉は愛の表れだから正当化される
2. 恋愛すれば，男性はリーダーシップを取ったりおごったりしないといけない
3. 恋愛すれば，女性は料理をしたり男性の世話をしなければならない
4.「プライバシーを尊重し相手を束縛しない」などというのは，冷たい感じで，付き合っている意味がない
5. 恋人と自分は一心同体なので，恋人は自分のものであり，自分は恋人のものである
6. 恋愛すれば性的関係があるのは当然であり，相手の性的要求に応じる義務がある
7. 相手を束縛したり独占したいと思うのは愛の証であり，当然のことである
8. 恋人との時間は何よりも大事なので，自分のことは後回しにすべきである
9. 一人で生きていくのは寂しいので，恋愛相手がいないことは不幸なことである
10.「別れたい」という相手を攻撃したり怒ったりするのは当然である
11. 二人の関係は特別だから，他人が口を出すことではない

う恋愛観が反映されている。そのような恋愛観においては，彼女を囲い込み守ろうとする恭也は「男らしい」魅力的な存在であって，恭也にエリカが徐々に魅かれていくのは自然な流れとして描かれている。一方，恭也の方もエリカに魅かれていくのであるが，それは彼が病気の時に，エリカが献身的に料理をつくったり看病をしたりしたことがきっかけであり，つまりはエリカの「女性らしさ」に魅かれるという伝統的なジェンダー規範に基づく設定である。

　漫画『黒崎くんの言いなりになんてならない』（マキノ，2014）に登場する「黒崎くん」も常に命令口調で暴力的な男性で，主人公の高校生由宇はファーストキスを奪われ，絶対服従を強要されたりしているにもかかわらず，なぜか徐々に彼に魅かれていく。本人の同意なしに，「罰を与える」という理由で，突然キスをするという行為は犯罪行為であるにもかかわらず，それがあまり問題にされないばかりか，何度も繰り返され，最初は怒っていた由宇も次第に彼を好きになっていく。ここ

でも「おれのモノ」というセリフが繰り返し使わ
れ，「バカ犬」や「服従するのが気持ちいいんだな」
という言葉まで登場し，まるで女性は男性の従属
物やペットといった存在であるかのように描かれ
ている。また，由宇が危険な目にあった時には，
必ず黒崎くんが助けてくれるという場面も何度も
あり，「男らしい」男性に守られ，彼に従順に従い，
時に彼を癒したり楽しませることこそが，女性の
幸せであることが示唆されている。

　どちらの漫画もアニメ化や映画化，ドラマ化さ
れていることから人気の程がうかがわれる。また
どちらも「少女漫画」というジャンルに該当する
ことから，読者は若い女性が多いと考えられる。
つまり，このような強引で暴力的な男性を魅力的
と考え，恋人から「自分のモノ」とみなされるよ
うな恋愛を理想的と思う若い女性は少なくないと
思われる。

　恋愛関係に限らず，友人関係などを含む，すべ
ての人間関係が未成熟である，つまり，お互いを
思いやるような温かな人間関係の経験がない若者
こそが，定型的な恋愛関係やジェンダー規範を信
じ込みやすい傾向があると考えられる。リアルな
人間関係の実感がないため，相手の気持ちを考え
たり相手から気遣われたりということが理解でき
ず，「これこそが恋愛」という図式にはまりやす
いのではないだろうか。

IV　安全で対等な関係とは

　私は，日ごろからデートDVや恋愛に関連する
コンテンツに関心をもっているが，本稿を執筆す
るにあたり，改めて，私の授業を受講している学
生や院生に，理想的で対等であると思われる関係
性が描かれている作品を紹介してもらった。いく
つかの漫画やドラマ，映画，小説などが挙げられ
たが，ここでは異性同士のカップルを主人公にし
た漫画『ヲタクに恋は難しい』（ふじた，2015）と，
漫画『逃げるは恥だが役に立つ』1～11巻（海野，
2013-2020）を参考に，安全で対等な関係とはど
のようなものかについて考察したい。

『ヲタクに恋は難しい』の主人公である26歳の
OL成海は，ヲタクであることを隠して生きてき
たが，以前につきあった恋人たちからは，ヲタク
であることがバレてフラれたという過去をもって
いる。そんな成海が素の自分を見せられる数少な
い友人の一人である宏嵩とつきあうことになる。
彼女にとって，恋愛とは女らしくかわいい「一般
人」を装って，非ヲタクであるイケメンとつきあ
うものであって，宏嵩のことは「恋人にするのは
もったいないでしょ。だーいじなヲタク友達だか
らねー」と言っていたが，「好きなことをしてる
成海が大好き」と言ってくれる宏嵩とつきあうこ
とで，これまでと違う居心地の良い関係に気づ
く。世間的な恋愛のイメージや「女らしさ」「普通」
にとらわれずに，飾らない自分を見せること，ま
たそういう自分を好きになってくれる人と対等な
関係を築くことの大切さに目覚めるのである。成
海は「宏嵩とはフェアでいたいの。宏嵩にだけは
飾ったり我慢したりしたくないし，してほしくも
ないの！」と言い，キスされた時には驚いて「ゴ
ンス」と殴っている。この二人には，男性が上で
女性が下という上下関係やジェンダー規範，二人
は一心同体であるというような排他的な依存関係
は見当たらない。むしろ，成海のやりたいことを
宏嵩が尊重し応援しているというシーンが多い。

『逃げるは恥だが役に立つ』はドラマ化され，
一種の社会現象にもなった作品で，就職難や派遣
切り，男女の恋愛・結婚観の違い，LGBTsや年
齢差などの多様性，仕事における"やりがい搾取"
や男女間の"愛情搾取"など，多くの社会問題を
さりげなく扱っているが，ここでは主人公のみく
りと平匡の関係に焦点を当てたい。みくりは大学
院を修了し臨床心理士の資格をとったが，就職で
きず，派遣社員として働くが派遣切りにあい，休
職中の身の上である。そんな時，独身のサラリー
マンである平匡の家で，家事代行として働くこと
になる。そのように雇用主と従業員として出会っ
た二人であるが，みくりの両親が転居することに
なり，周囲への偽装のための「契約結婚」をし，

同居することになる。当初，恋愛関係でも友人関係でもなく雇用関係であった二人は，本当の夫婦になっても，ずっと「です・ます」調の丁寧語で話しており，程よい距離を保ち，互いを尊重する関係を続けている。「お互いを尊敬して感謝している関係」「感謝と信頼でつながっている関係」とも言われており，依存的な関係とはほど遠い。36歳になっても童貞である平匡は，恋愛や人間関係が苦手であるが，みくりとの関係を「馴れ合いを避け，あくまでもビジネスとして，相手を尊重し，双方の利益となるような関係に」しようと努力し，「何か困った時に自分ひとりで被って解決しようと思わないでください。二人いるのですから，二人で解決しましょう」と伝え，いろいろな問題を二人で話し合い協力することで乗り越える。

　二人が恋愛関係になり，本当に入籍して夫婦になるにあたり，「好きな人の面倒を見るのがやりがいでしょって言われて報酬ないって，ある意味ブラック企業とも言えるんじゃないか」と考えているみくりは「指輪を買ってくれるって言われて嬉しかったし，ご飯をおごってもらったのも嬉しかった。自分が相手に『男の役割』を期待してるんだから，向こうだって『女の役割』を期待するよ。それなのに，自分ばっかり『働いた分，お金くれないと嫌』とか言いづらい」と悩む。仕事としてやっている家事であれば有償なのに，妻・家族としてやる家事は「愛情」という無償労働になり，二人の関係性は対等ではなくなるのではないか。でも，そう思う自分もジェンダー規範にとらわれ，「らしさ」に憧れる部分はあるのではないかと，みくりは考え悩む。結局，みくりは正社員として就職することができ，家事は「好意と感謝」で分担することになる。これこそが自立した個人同士の対等な関係であるが，それが通常の恋愛ではなく，雇用関係から始まったというのは皮肉である。この二人においては，常にお互いの線引きは明確であり，「守る・守られる」関係ではなく「協力関係」である。

　この2つのストーリーから導き出せる結論としては，「らしさ」にとらわれずに自分らしさを大事にし，素の自分を見せられること，相手とは程よい距離を保ちつつも，互いに自分の意見を伝え，話し合い，相手を尊重すること，何か危機が起こった時は，守る・守られるという固定した関係ではなく，二人で協力して解決することが，安全で対等な関係といえるのではないだろうか。どちらにも，男性の強引さや暴力性は皆無である。

Ⅴ　多様なパートナーシップ

　『結婚の自由──「最小結婚」から考える』（植村ほか，2022）によれば，結婚の本質とは愛ではなく，ケアであるべきであり，相手から承認されて自尊心をもって生きられるような関係性であるべきである。また，同性同士でも友人同士でもポリアモリー（同時複数恋愛）でも，どのような関係も「結婚」に含まれるべきであるとされている。このような結婚に関する論理は革新的すぎて，実現するには程遠いと思われるかもしれないが，対等で居心地の良いパートナーシップの例として，多様な関係性が，ドラマなどで多く描かれている。例えば，NHKでドラマ化された「作りたい女と食べたい女」（2022）や「恋せぬふたり」（2022）では，レズビアン・カップルや性愛をともなわない男女間での「対等でハッピーな関係」が描かれている。従来の「らしさ」や「こうあるべき」にとらわれず，自分にとって，何が「幸せ」なのか，どのような関係が居心地の良い関係なのかを知っておくことが重要であることを，若い人たちに伝え続けていきたいと思っている。

▶文献

ふじた（2015）ヲタクに恋は難しい．一迅社.
八田鮎子（2011）オオカミ少女と黒王子．集英社.
伊田広行（2010）デートDVと恋愛．大月書店.
マキノ（2014）黒崎くんの言いなりになんてならない．講談社.
松並知子（2020）高校生における依存的恋愛観の心理的要因およびデートDV暴力観との関連─ジェンダー差に注

目して．日本健康相談活動学会誌 15-1；52-57.

松並知子，赤澤淳子，井ノ崎敦子ほか（2017）成人におけるデート DV の実態とダメージの認知─依存的恋愛観と暴力容認傾向との関連．神戸女学院大学論集 64-2；31-46.

内閣府男女共同参画局（2018）男女間における暴力に関する調査（平成 29 年度調査）（https://www.gender.go.jp/policy/no_violence/e-vaw/chousa/h11_top.html ［2023 年 3 月 31 日閲覧]）.

内閣府男女共同参画局（2021）男女間における暴力に関する調査報告書（https://www.gender.go.jp/policy/no_violence/e-vaw/chousa/pdf/r02danjokan-gaiyo.pdf［2022 年 11 月 6 日閲覧]）.

植村恒一郎，横田祐美子，深津菊絵ほか（2022）結婚の自由─「最小結婚」から考える．白澤社.

海野つなみ（2013-2020）逃げるは恥だが役に立つ［1 〜 11 巻]．講談社.

🐘 [特集] これからの時代を生きる高校生・大学生の処方箋

「ちょうどいい距離感」をいっしょに探る

自立という名の孤立，ストーキング，そしてパートナーシップ

山崎孝明 Takaaki Yamazaki

こども・思春期メンタルクリニック

リツコ「ヤマアラシのジレンマって話，知ってる？」

ミサト「ヤマアラシ？　あの，トゲトゲの？」

リツコ「ヤマアラシの場合，相手に自分のぬくもりを伝えようと思っても，身を寄せれば寄せるほど身体中のトゲでお互いを傷つけてしまう。人間にも同じことが言えるわ。今のシンジ君は，心のどこかで，痛みにおびえて臆病になっているんでしょうね」

ミサト「ま，そのうち気づくわよ，大人になるってことは，近づいたり離れたりを繰り返して，お互いがあまり傷つかずにすむ距離を見つけだす，ってことに」

Ⅰ　はじめに——ヤマアラシのジレンマ

「新世紀エヴァンゲリオン」というアニメからの一節である。「ちょうどいい距離感」についての原稿を，という依頼をいただいたとき，真っ先に思い浮かんだのがこのシーンだった。

近づきすぎれば互いに傷つけあうが，離れすぎれば寒くて死んでしまう。でも「ちょうどいい距離」は前もってわかるわけではない。だから「近づいたり離れたりを繰り返して，お互いがあまり傷つかずにすむ距離を見つけだ」さねばならない——これがヤマアラシのジレンマだ。

エヴァの登場人物はみな傷ついている。最愛の妻を亡くし，人類を巻き込んで再会を果たそうとする中年のゲンドウ。ゲンドウに認められたくて仕方がない息子のシンジ。亡くなった母に認めてもらうためにエリート街道を進みエヴァパイロットになったアスカ。クローンであるにもかかわらず「感情」を抱き，涙を知るようになるレイ。シンジ，アスカ，レイは14歳の少年少女だ。30歳手前のリツコとミサトも，親との関係に葛藤を抱え，現在進行形でそれに苦しんでいる。

冒頭のリツコとミサトの会話はエヴァという作品全体の通奏低音となっている。登場人物たちは，「近づいたり離れたりを繰り返」す。結果，「お互いがあまり傷つかずにすむ距離を見つけだす」ことができたのかは，作品を観てほしい。

このエピソードがテレビで放映されたのは1995年のことだ。もう四半世紀以上も前のことになる。当時エヴァは社会現象になり，「心理学化する社会」（斎藤，2003），「心の時代」（崎山，2005）の象徴となった。精神分析家 Erikson（1959）の「アイデンティティ」という語が日常語として定着し，「自分探し」が大流行した。だがそのバブルも，オウム事件を契機に弾けた。そんな時代だった。「近づいたり離れたりを繰り返して」「大人になる」——当時は，そうした成長譚が有効性

を持っていたのだ。

　時を経て2021年，エヴァは「シン・エヴァンゲリオン劇場版」となって完結した[注1]。そこで中心となっていたのは，旧エヴァで描かれたような，互いが互いを傷つけあい，それでもともに生きていく，というような人間模様ではない。そこにあったのは，理解による成仏の物語であった[注2]。新エヴァは，一部の古参ファンからの強烈な批判を浴びたものの，興行収入100億円超えで2021年の日本映画トップの成績を収め，おおむね好評をもって迎えられた。

　旧エヴァから新エヴァへのテーマの変更を，そしてそれが双方ともその時代に受け入れられたことを，どう理解したらよいのだろうか。

II　25年で変わったもの

1　現代の感覚から見た旧エヴァ

　新エヴァを観るにあたり2021年にはじめて1995年の旧エヴァを観た20代の知人は，「旧エヴァは，そもそもシンジ君をあんな環境に放り込むな，環境調整しろ，という直感が最初に来るんですが，これは『心のケア』という技術や考え方が社会に浸透した結果ですね」と言っていた。

　そうなのだ。令和の視点からすると，旧エヴァはありえない話に満ちている。そもそも別に暮らしていた14歳の子どもが急に父親に呼びつけられ，説明もなく兵器に乗って敵と戦えと命令されるなどという物語の始まりは虐待以外のなにものでもない。ゲンドウとシンジが親子であることは無視して上司と部下だと考えても，パワハラ以外のなにものでもない。

　たしかにシンジは過酷な環境に置かれ，試練を乗り越えていくことで成長したのかもしれない。だがそんなものは結果論であって，親や上司は子どもや部下にもっとスモールステップで成功体験を積ませて徐々に難易度を上げていくとか，適切に褒め，評価し，休息を与え，安心感を与えるべきだ，というのが現代の感覚だろう。

　2023年の現在，人間関係においても，組織マネジメントにおいても，もっとも重要なのは心理的安全性だ，というのはもはや常識になりつつある。そうした環境を用意することこそが個人や組織のベストパフォーマンスをもっとも効率よく引き出すのであり，叱咤や過酷な環境から這い上がることを求めることが非倫理的であるのは当然のこと，非効率的でもある。それが共通理解となっている。

　この変化について別の表現をするなら，この四半世紀，人類は傷つきへの感度を上げることに成功したということができる。たとえば，躾と名指されていたものの中に虐待が発見され，からかいとされていたものの中にハラスメントと暴力が見出された。マイクロアグレッション，アンコンシャスバイアスといった言葉を耳にしたこともあるだろう。傷つきが検出されやすくなったのはむろんよいことである。

2　「成長には傷つきが必須である」という神話への態度

　同様に，2023年の若者にとっては，ヤマアラシのジレンマも「なんでこんな無駄に傷つくことしてるの？」と思わせるだけなのかもしれない。

　いや，それは別に若者に限ったことではない。「無駄は省くべし」という論は，若者以外からも主張されている。むしろ，そういった大人の主張を若者が取り入れている，というのが正確だろう。

　典型例を二人あげよう。一人目はひろゆきこと西村博之である。彼は著書『1%の努力』（ひろゆき，2020）の中で，「人生に意味はない」「世の中すべて『ネタ』」だと言い切り，「楽しい」こと，人生というゲームに勝つことを追求している。そのために彼が勧めるのは「最小の努力，最短で結果を

注1）正確には旧エヴァは旧エヴァで完結しており，新エヴァは別作品だということになっている。だが，多くの鑑賞者は，両者を独立した作品とは捉えていないと思われるので，このような表記をした。
注2）これも，穿った見方をすれば，ヤングケアラーであるところのシンジによる，虐待父ゲンドウの赦しの物語と言えなくもない。

出すこと」である。

　もう一人は，ホリエモンこと堀江貴文である。彼のキーワードは「無駄がないかを常に問いかける」ことで実現されるという「最適化」だ。

　彼らの主張は，「無駄なことはするな」という点で共通していると言える(注3)。

　本稿の文脈において注目すべきは，『本音で生きる――一秒も公開しない強い生き方』（堀江, 2015）の中で，堀江が人間関係についても言及していることである。「安定を求めることはリスクだ」と言い，安定した仕事や人間関係はむしろ「しがらみ」を生じさせると説く。そこにあるのは，常によりよい選択をできるように身軽であることこそ善であり，自分を縛りつけるものや関係性はすべて悪であるという価値観である。

　こうした流れの中で，「傷つき」もまた「無駄」なものとされる。堀江は，家族に代表される「関係の固定化」はリスクであると明言している。「その場に留まり続けることは，同じ状態でい続けることではなく，劣化していくということ」であり，「人間関係については，その時，その時で，必要に応じて変えていけばいい」という。

　たしかに，固定化された人間関係は面倒くささを孕んでいる。「毒親」「親ガチャ」という言葉はもっとも濃密な人間関係である家族の負の側面をダイレクトに反映している。それはわかりやすい。

　だが，一般的に「幸福」と言われることもリスクになりうることは見逃されやすい。パートナーや子ども，親友といった，自分より大切なものを持った時，はじめて自分の中に「失いたくない」という気持ち，執着心があることに気づいた，という話は臨床でよく耳にする。そしてその大切なものは，不慮の事故で突然失われたりするのかもしれないのだ。そんなことになれば，「こんな気持ち，知らなければよかった」と思うのは目に見えている。ならば初めから，大事なものを作らなければいい。それが「最適解」だ――

　そうした欲望に応える形で，人間関係における傷つきを予防し，安全性を増す技術も日々進歩し

ている。既読システムがあれば相手がメッセージを読んだか読んでいないかがわかるし（それはそれで新たな不安を生みもするのだが），気に入らなければミュートをすれば目には入らない。ブロックすれば金輪際関わらないで済む。マッチングアプリの流行も，「無理解に晒され傷つく可能性を前もって最小限にする装置」という観点から見ることが可能だろう。

　こうした「傷つき回避至上主義」とでもいえる考えに同意する人は（特に若年層には）多いのではないだろうか。実際，クリニックや学校で高校生・大学生と会っていても，「近づいたり離れたりを繰り返して，お互いがあまり傷つかずにすむ距離を見つけだす」という話はほとんど聞かない。それよりも，傷つけないこと／傷つかないことが最優先にされ，一定以上の距離を保ち続けることが至上命題になっていることが多いように思える。

　今，ヤマアラシのジレンマは，ジレンマを生き抜くことではなく，ジレンマ自体を回避するという形で対処されているのである。その先に，何があるのだろうか。次節で，臨床経験から言えることを述べることとしよう。

III　傷つき至上主義の弊害

1　すべての傷つきは悪なのか

　私は，週の半分は成人のクライアントと仕事をしている。そこでお会いする方々のひとつの典型として，ヤマアラシのジレンマを回避し続けてきたがゆえに，（年齢的に）大人になってから私たち心理臨床家の元を訪れることになった人たちが

注3）こうした批判を想定してか，彼らはご丁寧に「何が無駄であるかはやってみなければわからない」とも言っている。ただ，それはあくまで自分にとっての好き嫌いを判断するためのものにすぎない。彼らが共通して重視する「自分の頭で考える」というスローガンからもわかるように，「答えは自分が知っている」というスタンスなのだと言える。基本的にはそれは正しい。だが，自分よりも他者の方がわかることもある，という可能性について，あまりにも開かれていない。

いる。

そうした経験から，私は，すべての傷つきは無駄であり悪であるという思想は，個人の生き方としてはむろん尊重するが，社会全体がその風潮になることをよしとはしない。その思想は，人を気づかぬうちに別の危険に晒すと考えるからだ。

「傷つけない／傷つかないのであれば，何も問題ないではないか」と思われるかもしれない。果たして，距離を保ち続けることの何が問題なのだろうか。

私はここに，ふたつの問題を見ている。ひとつは知りえない「最適解」を知ったつもりになることの弊害，もうひとつは無菌室で育つことによる弊害である。

2　「最適解」を知ったつもりになることの弊害 ──自立という名の孤立

ひとつめの問題は，安全性を追求することにより，ヤマアラシのジレンマの先にある「深い」関係性の孕む生産性，創造性が開花する可能性が失われることである。

傷つきは「無駄」であり，前もって排除することが正解である──このような考えは，特に「効率」を好む層に支持されている。といっても，それはもはや「層」と表現するのは正しくなく，それがマジョリティなのかもしれない。

ここにあるのは，徹底した傷つきの排除である。他者の傷つきを排除する（傷つけないように気を遣う，そもそも会わない，相手の傷つきを無視する）ことでもあるし，自身の傷つきを排除する（傷つけられたことを否認する，傷つけたことによる自分の罪悪感や後悔を無視する）ことでもある。それが「最適解」であり，そうした生き方は（堀江の著書名にあるように）「強い生き方」として称揚される。

だが，本当にそうなのだろうか。私が述べようとしているのは，「強い生き方」とされているものは，実は「傷つきに弱い生き方」なのではないか，ということだ。

傷つけない／傷つかない生き方は，たしかにスマートである。彼／彼女ら自身，そうした生き方をよしとして年を重ねる。だが，ある時点で唐突に自分の中には何もないと気づき，「さびしい」という感情に襲われてどうしようもなくなったり，なんだか慢性的な空虚感があったりして鬱っぽくなったりして，相談室の扉を叩く。そしてこう言う。「こんなはずじゃなかった」──そういう例は枚挙に暇がない。

だから，「最適解」ということばは傷つきの回避を合理化しているもので，実は長い目で見たときに思わぬ結果を生むかもしれない，ということは指摘しておきたい。それが意識されているのならまだよい。私が懸念するのは，高校生・大学生が，「最適解」という主張を鵜呑みにし，実際に体験することなしにそれが「最適解」だと思ってしまうことである。

実際に傷ついて，自分事として「これはもう避けたい」と思う人に，「それでも傷つきが必要だ」などと言えるはずがない。だから，たしかに「無駄」な傷つきは存在する。

しかし生産的な傷つきが存在することもまた事実である。そしてどのような傷つきが無駄になるのか，逆に生産的になるのかはケースバイケースでしかなく，前もってはわからない。にもかかわらず，「傷つきはすべて悪であり避けるのが正解」と一刀両断にする主張が支持を集めている。

知らないものは，そこに存在していても見えない。知らないものは，失っても気づくことができない。いまや，「傷つき」による成長，満足が見失われている。それは，過去「虐待」「DV」ということばがなかったがゆえに暴力が可視化されなかったこと，本来あるべき安全が失われていると気づかれなかったことと相似形をなしている。

3　無菌室で育つことの弊害──ストーキング，DV

もうひとつの問題は，傷つきを避けるために「近づいたり離れたりを繰り返して，お互いがあまり

傷つかずにすむ距離を見つけだす」ことをしないで育つがゆえに起こる事態である。

　私たちは，そうした経験を実際にすることを通じて，相手には相手の考えがあり，好みがあり，権利があることを体感的に学ぶ。傷つきを避けることは，そのような他者の他者性を認識する機会を損失することでもある。それを，無菌室で暮らすことによって適切な免疫が備わらない状況にたとえることができよう。

　上述のように，近年，傷つきを回避するための技術は爆発的に向上している。とはいえ，いくら技術が進化しようとも，人間の動物的側面は変わらない。性や愛が絡めば水準が下がり，攻撃性も増す。そういったものをずっと遠ざける／から遠ざかることしか教わっていなければ，性愛や攻撃性に飲み込まれそうになったとき，太刀打ちできない。

　免疫がない状態で，いきなり性や愛といった強烈な感覚や情緒に晒された場合，人によってはストーキングやDV（家庭内暴力にせよ，いわゆるデートDVと呼ばれるものにせよ）に発展する。

　これらは，ヤマアラシのジレンマで言えば「近づきすぎている」状態である。「自他の境界がない」と言われることもあるように，それらは，他者の他者性に触れていないことから起こるものだと言えるだろう。

　多くの人は，そんなことは自分には関係ないと思われるかもしれない。だが実は，いわゆる「正義厨」とか「正義中毒」と言われる，自分の考えが「正しい」のだから，相手はそれを受け入れるべきだ，と思っている人の心の中で生じているのは同様のメカニズムだ。そうした人の数はストーカーやDVの件数より圧倒的に多い。両者は，他者が自分と異なる考えを持つ存在であることを否定している点において共通している。

　そもそも，ヤマアラシのジレンマは誰とでも生きられるわけではない。傷つく／傷つけることを徹底的に回避しようとすることで他者性に触れづらくなっている現在，それが忘れられがちなのか

もしれない。実際には当然のことながら，相手にも選択の権利がある。相手が望まないのであれば，追いかけてもただただ相手は離れていくわけであって，そこにジレンマは生じようがない。相手をひたすら追いかけて逃げられない状態に追い込んで近づく，といった状態に陥った場合，そこにはもはや他者の他者性は認められておらず，ジレンマは存在していない。そこにあるのはストーキングやDVの萌芽である。

IV　「ちょうどいい距離感」を一緒に探る ──パートナーシップ

　旧エヴァから四半世紀を経て，世の中はたしかに変わった。だが，検出されやすくなった傷つきに対応するための新たな方法は，いまだ開発されていない。

　現行の対処法は，「面倒になりそうなことには手を出さないようにしよう」（潜在加害側）か「私を傷つける可能性のあるものは世の中から消せ」（被害側）といったものだ。前者は傍観者的だし，後者は過激だ。ゆえに世の中はなかなか変わることはない。それが私たちの現在地だ。私たちは今，行き詰まっている。

　ではどうしたらいいのか。その答えは，これまで人類の生きてきた歴史の中にある。

　ヤマアラシのジレンマはエヴァ発の用語ではない。19世紀に活躍した哲学者 Arthur Schopenhauer の寓話が起源だと言われている。とすれば，少なくとも200年ほどの歴史がある葛藤なのである（実際には，命名されていなくとももっと古くからあったことは間違いないだろう）。人類は，ヤマアラシのジレンマを解消するのではなく，「近づいたり離れたりを繰り返して，お互いがあまり傷つかずにすむ距離を見つけだす」ことによって，それを生きてきたのだ。

　だから，なんのことはない。「私たちは，どれだけ技術が発展しようと，傷つき／傷つけられながらでしか，ちょうどいい距離を見出すことはできない」──これが「答え」だ。傷つきをゼロに

するという方向性には限界がある。

でもそんなことを言うと，若者からは「そこまでしてそんな関係要らないんですけど」と言われかねない（臨床をしていると実際言われる）。そうなのかもしれない。だが，先ほども述べたように，年を重ねてから自分が見ないようにしてきた気持ちに直面せざるを得なくなる人がいることは事実だ。

だから私は，「これからの時代を生きる高校生・大学生」には，「自分のことをわかったつもりにならないように」と言いたい。今現在の「最適解」が，20年後，30年後にも「最適解」であり続ける保証はない。常に将来のことを考えて生きるというのもそれはそれで不健康だが，今しか見ていないというのもまた同様に不健康だ。

今，「自分は人との接触なんか求めてない。そんなものは煩わしいだけで，なにひとついいことがない」と思っているかもしれない。その気持ちは本当だろう。そうなると，ヤマアラシのジレンマの回避こそが「最適解」だ，と思うことだろう。

だが人間は，「近づきたい」と「離れたい」のように矛盾する気持ちを同時に持つことのできる生物でもある。そういうとき，「自分は本当はどう思っているんだろう」と自問するかもしれない。どちらかが本当の気持ちだと決められた方が，スッキリ生きられる。だからそうしたくなる気持ちはわかる。でも，その相反する気持ちは，どちらかだけが本当ということはない。どちらもが本当の気持ちなのだ。

もちろん，気持ちはどちらも本当だとはいえ，行動は「近づく」か「離れる」かのひとつしか取れない。だからこそ，どちらの気持ちもそこそこ満足させられるように，「ちょうどいい距離を一緒に探る」，ヤマアラシのジレンマを誰かと一緒に生きることこそが，私たちの生を豊かにしてくれる。

距離を取って近づかないのも，近づきすぎるのも，他者と交流していないという点でどちらもヤマアラシのジレンマを生きられていない。ヤマア

ラシのジレンマを生きることによって異質な他者との共存が可能となり，パートナーシップ[注4]を獲得することこそ，傷つきへの処方箋なのだ。

Ⅴ　おわりに

「傷つきを超えた先に何かがある」という言説は，一歩間違えばハラスメントになりうる。もう十分すぎるほどに傷ついた人を，さらに傷つけるかもしれない。そういう人に必要なのは，言うまでもなくさらなる傷つきではなく，ケアである。だから，「傷つきを超えた先に何かがある」というフレーズは公には言われなくなる。

同様の理由で，「定型発達」という概念は現代的には用いづらい。今やEriksonのライフサイクル論は規範的にすぎるかもしれない。だが，「知らないものは見えない」のだから，「傷つきを超えた先に何かがある」ことを経験的に知っている誰かが，大人が，言わねばならないこともあるだろう。

世の中が変わっても，「適切な傷つき」「生産的な傷つき」というものが実際にあり，それはヤマアラシのジレンマを生きることによってこそ可能になる——それが私が大人として伝えたいことである。

▶文献

Erikson EH（1959）Identity and the Life Cycle. International Universities Press.（小此木啓吾 訳（1973）自我同一性——アイデンティティとライフ・サイクル. 誠信書房）

ひろゆき（2020）1％の努力. ダイヤモンド社.

堀江貴文（2015）本音で生きる——一秒も後悔しない強い生き方. SBクリエイティブ.

斎藤環（2003）心理学化する社会. PHPエディターズグループ.

崎山治男（2005）「心の時代」と自己——感情社会学の視座. 勁草書房.

注4）ここでは恋愛関係，婚姻関係に限ったものではなく，もっと広義のものを指している。

[特集] これからの時代を生きる高校生・大学生の処方箋

問題は"彼"ではない

男性の性暴力被害とジェンダー規範

宮﨑浩一 Hirokazu Miyazaki

立命館大学大学院人間科学研究科

I　はじめに

「ほんの冗談のつもりだった」という加害者の言葉,「性的いじめとは認識していなかった」という教師の言い訳はありふれた光景だ。加害者や第三者にとっては,「男同士の悪ふざけ」や「じゃれあい」「からかい」などとしてその状況が意味づけられている。そして,これらの意味が理解できてしまう私たちはその意味の形成にすでに参加している。

男性の性暴力被害という言葉は,性暴力にあえて「男性の」と付記することであまり関心を払われてこなかった被害に注意を向けるきっかけとなる。しかしその一方でジェンダーという極めて社会的なカテゴリーからその被害体験を見ることにもなる。ジェンダーやセクシュアリティの個別性と複数性を考えたとき,「男性の性暴力被害」という語は個別的な被害体験の一部を成す社会的な影響を受けた「性」に注目する際に有効だ。だが,この仕方が有効なのは,男性というカテゴリーに置かれている人々に対して行われる,性的手段を用いた暴力行為がどのように成立するのか,そしてそれがどのように隠蔽されるのかを明らかにできる点においてである。男性というカテゴリーに

おける性暴力の意味の形成は,むしろ加害者とその状況を作る社会的な営みによる。つまり,「男性の性暴力被害」という語に反映されるのは,加害者や第三者の意味形成の方である。そのため,男性の性暴力被害の問題とは,その被害当事者個人に起因するものではない。だがしかし,そのジェンダー化された意味は被害を受けた当人にとっても共有され,苦悩し自身の体験を疑うことすらある。いわば,被害体験とは個人的でありながら社会的な視点が含まれた複合体だ。

本稿では,男性の性暴力被害という語で個人の性的あり方が度外視され,暴力的に「男と見なされている人々」に対する性暴力被害が,どのようにジェンダー化され,隠蔽されているかを,「悪ふざけ」や「からかい」などと矮小化される事態から考えたい。

II　男性の性暴力被害と「性的いじめ」被害

国連による定義では,性暴力(Sexual Violence)は「身体の統合性と性的自己決定を侵害するもの」とされている。これを見れば人は誰でも性暴力被害に遭う可能性があると意味していることがわかる。

本特集で対象とされている高校生・大学生の性暴力被害経験は多い。例えば大学生を対象とした

近年の調査では，全体の42.5%に「何らかの性暴力被害経験」があり，男子では27.7%に被害経験がある（河野ほか，2018）。まずは，男性の性暴力被害のポイントとして，①被害事実とその不可視性，②ジェンダーやセクシュアリティの規範，③身体反応とその影響，④性的いじめ，という4点を押さえておきたいと思う。

1　被害事実とその不可視性

　日本では，初期の調査から男性が性暴力の被害に遭っているという事実を，特に高校生・大学生を対象にした研究で明らかにしてきた経緯がある。近年では例えばNHKによる男性被害者292人が回答したアンケート調査では，被害に遭った年齢は20代までが8割近くで，過半数は10代となっていた（NHK，2021）。

　90年代頃から各種調査で未成年の男性が被害に遭っていることは知られていた。また，調査研究以前に学校や対人援助の中では現場レベルで男性・男児が性暴力被害に遭っていることも知られていた。だが，男性が被害に遭うことが一般に知られるようになってきたのは近年のことであろうと思われる。それは2017年に日本の性犯罪に関する刑事法が改正されたことが一因である。長らく知られることがなかった男性の性暴力被害という事態は2000年代以降，ジェンダーやセクシュアリティ規範に基づく不可視性として説明されている。詳しくは拙論（宮﨑，2021）を参照していただきたいが，端的に言えば「女性＝被害，男性＝加害」というジェンダー規範ゆえに，男らしさと矛盾する被害として周辺化されてきたということだ。

2　ジェンダーやセクシュアリティの規範

　不可視であるというのは，被害事実があるにもかかわらず見えてこないということだ。極端な言い方だが被害者として「見ない」という能動的行為だ。それは単に個人の偏見や無知であると一蹴することができない問題を含んでいる。

　男性が性暴力被害に遭うことが見えないのは，社会に男性優位，つまり性差別が存在しているがゆえである。基本的な男性像をセクシュアリティの観点から見れば，シスジェンダー男性でヘテロセクシュアルということになり，性的に能動でかつ奔放であるとされ，それが可能な肉体を持っている男性像だ。この階層にいるものはマジョリティとしての特権を持つ。これは規範的な観念であって，それを体現する「男」など実在しない。だが，それが規範として存在することで，それに沿わない男性を排除し，嘲笑の対象として指示することができる。男性から加害を受けた男性が「あいつオカマ掘られたんだって」あるいは女性から加害を受けたことを，「女から襲われるなんて羨ましいな」とネタ化する言説は，被害事実の矮小化として機能している。そしてこのような言葉は男性性規範に則った言葉であるために，多くの人が理解できてしまうものでもある。

3　身体反応とその影響

　旧強姦罪（現：強制性交等罪）ではペニスを挿入することができる身体を持つ者が加害者として位置付けられていた。ペニスがある男性は，性的に能動であると想定されていることになる。勃起や射精という身体反応は生理的な反射であり，不快な状況，恐怖を感じている最中などでも刺激を受ければ起こり得る。だが，加害者が身体反応を誘発することは珍しいことではない。不快で拒否できない状況で身体反応が起こることにより，被害男性に恥辱感や自責感を生じさせる。ペニスは他者からも見えやすいために，その状況や生じている感覚までが共有されやすいという点も指摘できる。このような反応が，被害男性の性指向や性自認の混乱につながる可能性も指摘されている。

　性的いじめでも，部活などの加入儀礼でも，人前で裸にする，全裸で走らせる，マスターベーションを強要するなどの男性の身体を対象にした加害の仕方は珍しくない。また，このような行為は嘲笑の対象ともなりうる。

4　性的いじめ

　性的いじめは性暴力の一つであり，その問題の重篤性，秘匿性が示されているが，性的いじめの研究はほとんどなされていない（葛西・吉田，2017）。また，文部科学省が実施している「児童生徒の問題行動・不登校等生徒指導上の諸課題に関する調査」でも，性的いじめは項目として設定されておらず，性的いじめという性暴力への認識の低さが窺える。

　性的いじめについて関口（2013）は，「男ジェンダー（ホモソーシャル文化）」を，性的いじめを見落とさないためのポイントとして挙げ，「仲間意識の確認のための性的儀式（裸や猥談・春歌）が慣例となることも多くあり，それをいじめと気づかないこと」があるという。このことは，男性の性暴力被害が不可視となる構造の一部をなす，同じジェンダー・セクシュアリティの規範に則っている。男性の性暴力被害においては，こういった気づきにくく問題化しづらい点こそ見ていく必要がある。

III　「男らしさ」と「悪ふざけ」そして，性暴力被害

　「わかってもらえていない気がする」「気づいてもらえない」という言葉は被害に遭った男性から聞かれる言葉として珍しくない。この言葉には，自身の体験が聞き手にとってリアリティのある被害として，危機感を持って気づいてもらえていない，理解してもらえていないという感覚が反映されている。

　第三者から見ても性暴力として判断しやすいと一般的に考えられている形態があるかもしれないが，一方でスキンシップの延長のような性器への接触や，笑い話のようにセックスの話をすること，身体に対する評価などは，性暴力として捉えづらく映る。だが，性暴力被害とは客観的な判断ができるものに限らない。セックスという行為を例にとっても，同意のない場合にはレイプとされ当人の身体の統合性を侵襲する性暴力とされる。だから，同じ行為を信頼関係があり本人が望んで行う場合にはセックスとなるし，そうでなければレイプになるのである。第三者が評価するために，客観的に行為を定めることや，チェックリストを作ることは現実的ではないし不十分となる。

　暴力と捉えづらい背景には第三者の「よくあること」「男同士の悪ふざけ」と見てしまう認識がある。そのため，この認識の仕方自体を対象化して考えることが必要だ。「男同士の悪ふざけ」「男ってそういうもの」という言説は，男子の本性を説明しているのではなく，そのようなものとして見ているという視線の向け方の表明だ。たとえば，大手メーカーのテレビCMにこのような言葉が踊っていたことがある。

　　男は単純だ。男は計算しない。男は笑える。男は口下手だ。男はつるむ。男は女に弱い。男は張りあう。男はサイテーで，そして，男はサイコーだ。男ですいません。
　　男はこどもだ。男ですいません。
　　男はモテたい。男ですいません。

　一般に多くの人が理解できる内容であるからCMにもなっているのであろう。ここには，一つの男性像が示されている。それは，異性愛で，男同士の絆を大切にして，悪ふざけもするが，そんな男集団に所属していることを誇りにも思っているという男性の表象だ。

　悪ふざけという言葉を調べると，「度を過ぎてふざけること。たちの悪い冗談やいたずら」という意味で，人をバカにして笑うことも含まれる。同様の意味をもつ「からかう」という言葉がある。性的なからかいは性暴力の一つの形態として認識されており，これまでの日本の調査でも使われている言葉だ。だが，その意味していることはあまり明確に示されていないと思われる。

　からかいは男性同士の仲間集団の結束を図るためにも使われる行為の一つである。そのからかい行為が性的手段を用いたときに，性的からかいが生じていると考えられる。性的事柄は容易に人の

境界を越えられるため，親密さの確認手段になり
うるだろうし，他方で，暴力的な行為ともなりう
る。「ふざけて」「からかいのつもりで」と付いた
途端に，その行為は笑う雰囲気に合わせなければ
ならない状況へと一変する。そしてその場にいた
者は，その状況で笑うように要請されることにな
る。

　團（2013）はからかいの構造について分析し，
次のように述べている。

　　「を」笑っても良いことの対象として選択される
　者は，自分の先行する行為とは関係なくきっかけと
　なる行為の産出者によって選択されるのである。つ
　まり，からかいのつもりと他者が行為した途端に，
　笑いの対象として示されてしまうのである。

　このことを，性的手段を用いたからかいに置き
換えて考えると，たとえば，勃起している男子「を」
笑って良い対象とするのは，その現象を起こして
いる本人ではなくその場の成員であるということ
だ。からかいの対象とされた者は，沈黙を貫いて
いたとしてもその生理現象は視覚的に他者から明
らかであるために，その現象自体が笑っても良い
こととして他者から判断される可能性がある。そ
のようなとき，被害の当事者はその場の成員へ自
らにとっての意味を伝えられない立場に置かれ
る。つまり，その出来事の評価の権利が他者に渡っ
ているということだ。

　からかいの対象とされた者が，そのからかいに
対して抵抗を示すことも可能だと考えられるかも
しれない。だが，一笑に付すという言葉があるよ
うに，その抵抗もまた笑って良い対象として繰り
返し指し示される。

　からかいは，その行為に参加する者の間で共有
された知識を資源とし，その知識と結びついた成
員間の結束によって組織されている（團，2013）。
男性に対する性的手段を用いたからかいでは，共
通の資源として参照される知識として，男性規範
を置いて考えることができる。共通の知識資源

に，男らしさが利用されることで，男性に対する
性的なからかいは「笑ってよいこと」として示さ
れる。勃起していることは，男の「エロさ」とし
て表象され，からかいの対象とされる。注目すべ
きなのはこの笑いの状況が誰にでも分かってしま
うことだ。これは我々が，笑いが生起する条件で
ある共通の資源を持っていることを意味する。そ
して，たとえ当人が不快であると感じている出来
事であったとしても，その被害事実を笑い，矮小
化するよう仕向けられることになる。

Ⅳ　被害者が問題ではない

　からかいとして行われた性的行為を性暴力被害
だと捉えることは，ある種の罠にはまることにな
る。なぜなら，からかいとして生じた性暴力は，
その場の笑いを理解せしめる共通の資源が存在し
ていることで，単に個人の感じ方の問題として斥
けられる可能性があるからだ。そのため，その行
為は性的からかいを受けた者の，個人的で共有さ
れない性暴力被害体験となってしまう。また，そ
の笑いに乗れなかった自分，考えすぎなのかと疑
う自分といった葛藤が生じることもある。だが，
性的からかいは感じ方の問題ではなく，まさに性
暴力となりうる。Odenbring & Johansson（2021）
は次のように指摘している。

　　ホモソーシャルなつながりとふざけることは学校
　で男子同士の社会的関係の接着剤のような役割を果
　たしている。しかしまた，からかうことは実際に境
　界を越え暴力となる可能性がある。

　性的からかいと言われる行為は，行為自体で境
界線を越えるかどうかを判断することが難しい。
それは生殖器の結合がセックスとなる場合もあれ
ばレイプとなる場合もあるのと同様だ。だから，
第三者が客観的にその行為を判断することは本来
的には困難だ。

　からかいが成立するのには，共有された知識が
必要であった。男性の性暴力被害においてその一

部を形成しているのが男性ジェンダーである。男性ジェンダーを担保とすることで，そのからかいを笑うことができ，男性同士のつながりも確認できるのである。一方で，この笑いについていけないことはその集団に共通する男性性を否定することになり，排除される存在とされる可能性も生じる。

　同意のないペニスへの接触が重大な事態とは思われないこと，卑猥な話を男だからという理由で聞かされやすいこと，またそのような話をさせられやすいこと。いわゆる「男のノリ」のような情景は笑いに溢れている。今我々がそのような情景を想像できるとすれば，そのような男性性を場の成員に当てはめて理解できているからである。

　男性が受けた性的に不快な体験を直ちに性暴力という概念に結びつけなかったとしても，性的な手段を用いた境界を越える行為は不快，嫌悪など一次的な感覚をもたらす。だがそれを，当事者自身が信じられないように仕向ける手段として，性的からかいの構造は機能している。そして笑えてしまう周囲の者にとっては，性暴力とは映らない出来事となってしまう。この被害当事者との間にある視点とポジションの差が，多くの人が傍観者として留まってしまう要因の一つであろう。

　このように考えると，「性的からかい」を性暴力と捉えるためには自省的な視点が第三者にこそ必要となる。性的な手段を使った暴力に対して不快と感じたことを，当人の感じ方とする残酷な個人化を拒むためには，そのような状況を成立させる構成員としてすでに我々は加担してしまっていることに気づく必要がある。このことは，ジェンダーやセクシュアリティに敏感であることともつながっている。

　男子への性教育の必要性が関心を集めているが，性的な知識を与える大人にこそ，それが必要ではないだろうか。これまでに見てきたように，問題は被害者にあるのではなく，その出来事の報告を受けたり目撃したりした第三者が，共有された知識を有することで構成員として意味の形成に

参加し，ジェンダー規範に基づく見方をしている点にある。男性という性のカテゴリーを通過する視線は，ある状況を性暴力と悪ふざけの間に線を引きがたくさせ，その問題を当事者にのみ押し付けて隠蔽する。隠蔽されることで笑える情景も永続し，被害者が生まれ続けることになるだろう。また，そのような状況に笑えてしまう構成員を再生産し，新たな加害者と対処できない傍観者も生んでいってしまう。

　問題は被害者にではなく，加害行為を成立させることができる共通の知識と社会にある。そこで目指されているのは，既存の共有された男性像の維持であり，そのような男性以外を排除し，男性の性暴力被害を不可視とすることだ。規範の力は強固ではあるが可変的なものだ。被害当事者は自身の痛みや不快な体験を省みて，声を上げ，性暴力を可視化させている。そのような経験をもたない第三者は，性暴力について学び，ジェンダーやセクシュアリティに関する知識をもつことで固定化した性の観念を相対的に捉えられるようになり，事態を再考するきっかけとなるだろう。

▶ 文献

團康晃（2013）指導と結びつきうる「からかい」「いじり」の相互行為分析. ソシオロジ 58-2 ; 3-19.

Drew P（1987）Po-faced receipts of teases. Linguistics 25-1 ; 219-253.

Friedman MS, Marshal MP, Guadamuz TE et al.（2011）A meta-analysis of disparities in childhood sexual abuse, parental physical abuse, and peer victimization among sexual minority and sexual nonminority individuals. American Journal of Public Health 101-8 ; 1481-1494.

葛西真記子, 吉田亜里咲（2017）中高生の性的いじめの現状—教員と学生へのインタビュー調査から. 鳴門教育大学研究紀要 32 ; 226-236.

河野美江, 執行三佳, 武田美輪子ほか（2018）日本の大学生における性暴力被害経験と精神健康度. 大学のメンタルヘルス 2 ; 82-89.

宮﨑浩一（2021）男性の性被害への視座. 臨床心理学 21-4 ; 446-450.

NHK（2021）クローズアップ現代プラス 男性の性被害 292 人実態調査アンケート結果［vol.131］（https://www.nhk.or.jp/gendai/comment/0026/topic013.html

［2022 年 1 月 18 日閲覧］）.

Odenbring Y & Johansson T（2021）Just a joke? : The thin line between teasing, harassment and violence among teenage boys in lower secondary school. The Journal of Men's Studies 29-2 ; 177-193.

関口久志（2013）「性的いじめ」を見落とさないためのポイント 10―③男ジェンダー（ホモソーシャル文化）. Sexuality 61 ; 54.

Small SA & Kerns D（1993）Unwanted sexual activity among peers during early and middle adolescence : Incidence and risk factors. Journal of Marriage and the Family 55-4 ; 941-952.

Tener D, Sigad LI, Katz C et al.（2022）"You can really be hurt by someone just like you" : Practitioners' perceptions of preadolescent peer sexual abuse. Children and Youth Services Review 141 ; 106597.

🐾 [特集] これからの時代を生きる高校生・大学生の処方箋

「大切な仲間」と「あなたの居場所」
カモフラージュ

川上ちひろ Chihiro Kawakami

岐阜大学医学教育開発研究センター／NPO 法人アスペ・エルデの会

I　はじめに

　筆者は長年 NPO 法人において，発達障害のある児者（以下，「発達障害のある人」で統一），そしてその保護者の支援を，心理士などの専門職のスタッフと共にディレクターという立場で長年関わっています。今回のタイトルである“「大切な仲間」と「あなたの居場所」──カモフラージュ”については，筆者のそこでの経験から考えたいと思います。そしてこの特集では“これからの時代を生きる高校生・大学生の処方箋”がテーマですので，一般の高校生・大学生にもあてはまることについて検討したいと考えます。筆者は現在大学に勤務しておりますが，医学部医学科での授業や実習を担当しており，普段出会うのが医学生（時々他学部の学生にも会うことがありますが）ですから，多少（かなり？）大学生の見方に偏りがあるかもしれないことをご了解ください。さらに“変わりゆくジェンダー／セクシュアリティ”については，特に女の子・女性に関して考えたいと思います。

II　発達障害のある人たちの「仲間」と「居場所」

　筆者は NPO 法人アスペ・エルデの会において

知的障害や発達障害の特性がある人たちと関わり，彼らが小学生のころから大人になった現在まで関わっているという人も少なくありません。彼らが所属している（いた）のは通常の小中学校，特別支援学級，特別支援学校などさまざまで，卒業後の進路も進学する人，障害者枠で就職する人，一般枠で就職する場合など人それぞれです。またこの NPO では，障害特性のある人へのスキルトレーニング，グループ活動，余暇支援などを行っています。最近では 2020 年以降の COVID-19 の影響により，活動の開催方法や内容にかなり制約を受けていることは否めません。感染するのが怖くて外に出られない人がいたため集合しての対面活動が難しかったこともあり，オンライン活動を検討しました。しかしオンラインが苦手な人もいたりして，なかなか活動を行いづらいこともありましたが，それでもメールや NPO 独自のアプリを利用するなどして繋がりは絶やさないようにしています。またこの NPO では，住居地による地域（県）ごとの支部グループ，自分の趣味や興味に基づいたグループ，成人や女の子など年齢や性別によるグループなど，目的や内容に応じてさまざまなグループがあり，自分が入りたいグループを選択して参加しています。筆者は主に支部での

グループ，女性のグループを担当しています（川上，2023）。

　NPO に所属している人たちは，平日は学校や職場に行っており別々の学校・社会・家庭活動に参加しています。先にあげたグループ活動は主に休日に余暇の活動として行いますが，この余暇活動をとても楽しみにしている人も少なくありません。先日久しぶりに対面での支部活動を行ったところ，ある一人の参加者が「ようやくみんなに会えた，これからは毎月活動をしてほしい」と話していました。また他の参加者はその日の活動自体は楽しんでいないように見られましたが，帰宅後家族に「楽しかった」と感想を伝えていました。彼らは保護者に無理やり連れてこられているわけではなく，参加することを自分で決めています。参加に意欲的な人が多いためそういうポジティブな感想になるのだろうと思われるかもしれませんが，彼らにとっての一つの居場所になっていることは間違いないと思われます。活動中，参加者同士で楽しくワイワイしているかというと，そういうわけでもありません。なんとなく周りの様子を見てはいるようですが，メンバーに関心を持って話しかけているというよりも，付き添っているスタッフと話をする姿の方がよく見かけます。同じ場所にいても排除せず干渉し合わず，自分と相手とを比較することもなく比較されることもないという関係です。かといってメンバーのことを知らないのかといえばそうではなく，存在は分かっていますし，誰がどうしたなどのことはちゃんと「仲間」として認識しています。

　COVID-19 流行前に行っていた対面での女性のグループでも同じようなことが言えます。活動への参加は，基本的には彼女たち自身が決定しています。そして活動場所まで自分で来てもらいます。大学生ボランティアなど個別スタッフに可能・必要な範囲でついてもらい，気持ちを表現するサポートをしてもらいます。もちろんこの活動に参加するなかで，彼女たちのふるまいや言動について，アドバイスをすることはあっても否定することはまずありません。これは活動に参加する人の心理的安全性を補償していると言えるのではないかと思います。かといってなんでも好き勝手してもいいかといえばそうではなく，そこで守ってほしい基本的な過ごし方のルールはあります。しかし来てみたら楽しい，その場にいても苦痛ではないことは重要です。わざわざ休みの日に出かけてくるのですから，嫌だなと感じる場や活動に無理して来るはずはありません。"居ると楽しい場所（居ても嫌ではない場所）"になるように，他のディレクターと話し合いながら場の設定をしたり，参加者の特徴を加味してサポートするようにしています。

　発達障害がある人の多くは，普段の学校・社会活動では少なからず大変な思いをしていたり，他の人よりもがんばったりしていると推測します。時間通りに生活を組み立てることをがんばること，人間関係の構築をがんばること，その場の暗黙のルールを探ることなどです。その他感覚過敏などがあれば外部からの突然の刺激にも対応しなければいけません。緊張を要する場所や場面では，おそらく心身とも疲れているのではないかと推測します。ですから普段の生活で似たような体験をしているだろう仲間と時間や空間を共有すること，そしてお互いに干渉し合わない人間関係があることは，発達障害の特性がある人にとって自分がニュートラルでいられるための一つの機会なのではないかと考えます。

III　発達障害の特性がある人のカモフラージュ

　近年，発達障害の特性がある人が学校・社会生活において，"カモフラージュ"をしていることがあると言われています（川上・木谷，2022）。カモフラージュとは"周囲の風景に溶け込むようにすることすること"ですが，例えば迷彩（カモフラージュ）柄のように敵の目を欺き，相手から発見されにくいようにすることを意味しています。このカモフラージュは，発達障害のある人では女性や知的障害を伴わない人に多くみられると

されていますが，男性や知的障害を伴う場合にもみられることがあります。発達障害のある人のカモフラージュは海外において研究や調査が散見されており，国内では発達障害のある人のカモフラージュという言葉と理解が，教育や医療などの現場で浸透し始めているように感じます。

　発達障害のある人のカモフラージュが生じる背景には，自分が集団のなかで異質に見られないように隠すことと，他者との関係づくりを求めること，があるとされています。そしてこのカモフラージュが形成される過程としては，「カモフラージュの誘因（カモフラージュをしなければならなくなった原因）」→「カモフラージュ（カモフラージュをしているとき）」→「カモフラージュの結果（カモフラージュがうまくいかなくなった結果）」の3段階をたどります。カモフラージュの誘因として先に挙げた"集団で異質に見られないように隠すこと"は，周囲に合わせようとすることや，周りから普通に見られるようにするという周囲への「同化」を試みることになります。その理由として，他者との関係を築くことへの高いモチベーションと，他者からのいじめや拒否されることを回避したいという思いがあるとされています。集団でうまくできないことやイジメられるなどを認識することで，周りの人と自分が違うところがあるかもしれないと解釈し，普通にならなければいけない／変わっているところを隠さなければいけない，という思考になるということです。

　そして次の段階としては，集団や他人との関係のなかで，周りに溶け込む，障害特性を隠すようなカモフラージュをすることになります。周囲の観察をしながら真似てみるとか，自分におかしなところはないか常に気を張ります。とはいえこれらのことを長期にわたり続けることは，かなりのストレスがかかるのではないかと思います。そして大量のエネルギーを消耗して疲れ果ててしまい，ついには枯渇してダウンすることにもなるでしょう。それほどエネルギーをかけることなくカモフラージュをこなすことができればいいので

しょうが，そうでなければ破綻することは容易に想像がつきます。その結果，人間関係がうまくいかなくなるでしょうし，自分もうつ状態になったり自宅から出られなくなるなどの精神的な問題に至ることもあるでしょう。カモフラージュは発達障害のある人の学校・社会でサバイバルするための一時的な手段ではあるかもしれませんが，持続可能な手段であるとは言えないかもしれません。

　このように人間関係で普通であるようにふるまうことは，発達障害の特性がある女性が著した自叙伝にもエピソードとして記されており，カモフラージュを窺わせます。以前筆者が発達障害の特性がある高校生の女の子と話をしていたときに，「学校では普通でいられるようがんばって演じている，だから帰ってくると疲れて寝てしまう。でも母親からそれではいけないと注意されてつらいんです」と話してくれたことがありました。そのときは「そっか，がんばっているんだな，大変なんだな」と思った程度でしたが，このセリフがなぜか心に残っており，よくよく考えてみると，彼女が学校でカモフラージュしていたことを表していた言葉だったことがわかりました。

　発達障害のある人の社会や学校でがんばっているだろうと先述しましたが，日本社会が持つ独特の文化や意識が背景にあるかもしれません。日本社会では周りと同じにすることを求められる・求める場面が多く，"他と比較して少し何か違う"と，異質なものとして目立ってしまいがちです。日本でも現代では女性に対する理解が促進され，以前ほど立場や役割におけるジェンダーの課題は少なくなってきてはいるとはいえ，依然として女性には"周囲への気遣い"が要求されます。このようなことは，幼いころから生活のなかで教えられ，われわれの意識の奥底にしまわれていきます。知らず知らずのうちに女性ならこうすべき，できて当然というようなことを自分にも求めてしまっているかもしれません。ですからこれらのことを当然であるかのように暗黙に要求されても，その場の文脈を解釈することが難しいことがある発達障

害のある人にすれば，要求されていることに気づくまでにタイムラグができてしまい，その間にギャップが生じてしまうかもしれません。

IV　高校生・大学生の女の子のカモフラージュ

カモフラージュは発達障害のある女性に見られることがあるとされていますが，発達障害の特性がなくてもカモフラージュが生じる可能性はあるでしょう。たとえば高校生・大学生は発達段階では青年期にあたり（ニューマン・ニューマン，1997），心身ともに大人になる過程の真っ最中です。進学や就職など将来の進路について決定することはもちろん，周囲からは大人としてのふるまいを期待されるようになります。この青年期の時期には，抽象的な思考能力が備わっていき，自分自身を俯瞰的，内省的に観察できるようにもなります。そのため学童期のような単純な反応や判断をするというよりは，複雑な思考や視点であれこれ悩むことが増えてきます。アイデンティティの確立が発達課題となり，自分は何者なのかと自らを見つめるときでもあります。さらに青年期は友だちや仲間とつながっていたい，その仲間から排除されたくないという気持ちが強くなる時期だとも言えます。

女の子の場合は特に，友だちとうまく人間関係が構築できるかは重要な問題で，学校で心地よく過ごすためには必須の課題です。また特定の異性との人間関係を構築し始めるのもこの時期で，人間関係はさらに複雑化します。また，ある大学生の女の子が「私は（進学校の）女子高出身だったのですが，周りはみんなライバルでした。だから何でも自分で何とかしなければいけなくて，周りの子に助けてもらうとか，わからないことを尋ねるとか，そんなことはしませんでした。それは自分が負けを認めているということですので」と話していました。彼女たちは，緊張感がある環境にいて，神経をすり減らしながら別の自分を演じていることが窺えます。

先に挙げたカモフラージュの発生に関与する，他者と関係を築きたいというモチベーションと，他者からのいじめや拒否を回避することは，青年期の女の子にも十分当てはまります。ですから，女の子たちのなかで，カモフラージュを試みている子がいるかもしれません。筆者の過去を振り返ってみても，高校や大学では勉強よりも友だちとうまく過ごすためにどうすればいいかを常に考えていたように記憶しています。そこでは興味がないことでも興味があるようにしていましたし，自分の意見よりも周りと同じようにすることを優先し，自分ではない自分を演じていました。

カモフラージュをするときは自分なりにTPO（Time：時間，Place：場所，Occasion：目的・場所・機会）を判断して，（適切かどうかは別にして）そこに見合った"自分"を表現するようにふるまっているのだと思います。発達障害がない（だろう）大学生の授業以外での様子を見ていると，授業や実習で見せる姿とは全く異なりますので，上手に使い分けているなと感心します。それぞれに多かれ少なかれカモフラージュを駆使して何とかやり過ごしながら，多くの人が大変な日常を乗り越えているのではないかと思います。学校では対面であってもオンラインであっても，どの場面・機会においても人間関係を避けることはできません。そこでカモフラージュがうまくできるのかどうかによって，その場所での適応が大きくかわると言っても過言ではないでしょう。ただカモフラージュを長く継続することはエネルギーを消耗するため，カモフラージュに大量のエネルギーが必要な高校生・大学生の女の子は，多かれ少なかれ心身に問題をきたす状態になることが想像されます。

V　発達障害のある人への支援から考えるヒント

高校生・大学生の女の子たちが置かれている実情を考えると，すぐにカモフラージュせざるを得ないことを減らす・なくすことは難しいかもしれません。しかも長時間にわたりカモフラージュし続けるのも難しいことです。そこで，発達障害の

ある人への支援から，何かヒントになることはないかと考えました。それは冒頭で挙げた NPO で発達障害のある人との活動で提供している「仲間」と「居場所」を作ることです。珍しいことでも特殊なことでもなく，基本的ですが重要なことだと考えます。

　学校をスイッチを入れる ON の場とするならば，「仲間」と「居場所」をスイッチを消す OFF の場として考えることができます。そしてこの OFF の場を上手に利用することで，安定した日常生活を長く送ることができると考えます。ある精神科医師が大学生と面接をするなかで，"オタクって言われる人になるのかもしれないけれど，自分の趣味を持っていてそれを一緒に楽しめる人が少数でもいれば，ちゃんと学校にも来られるし自己肯定感が下がらないことが多い。しかし他人と自分とを比べてしまい繋がりを持てない人は，どうしても自己肯定感が下がることが多い"と話していました。小さなことでも，ニッチなことでもなんでもいいので（もちろん反社会的なことは対象としていませんが），自分と繋がっている場所や人があることが大切なのだと思います。そこでは元来の自分が表現でき，背伸びをしたり見栄を張るなど，よく見せようとしたりしなくてすみます。そうすることで安心でき，生活も安定するはずです。ON の場である学校ではがんばらなければいけないことがあるかもしれませんが，OFF の場でフラットに戻れたら，次の日からまたがんばれます。がんばることは常に教えられていても，OFF の場を作ってもいいこと，メリハリをつけて上手に OFF の場を利用することは，ほとんど教えてもらえないのではないでしょうか。しかし多くの大人は OFF の場を都合よく利用しているにもかかわらず，ともすると子ども

には自宅でもがんばるよう言い続け，リラックスするのはよくないことだと伝えていることもあるかもしれません。自宅だけが OFF の場になるのではなく，自宅以外にも OFF の場があることを伝え，最近では物理的な場所だけではなく，バーチャルな空間での場所も提案すべきなのかもしれません。

　OFF の場では，自分が干渉・評価されないだけでなく，自分も相手を干渉・評価をしないことで，お互いに適切な距離を保つことが大切です。そこで順位付けをすることはあまり適切ではなく，水平の関係であることが重要です。今の社会でこのような関係を作ることは，まだまだ障壁がありますし時間もかかると思います。果たして社会全体が水平の関係になることが，よいことかどうかも今は判断できません。これからもがんばらないといけない場面をくぐり抜けなければいけませんが，がんばってばかりで常にはりつめていては，いつかその糸も切れてしまいます。継続的に自分らしく楽しい人生を過ごすために，無理しすぎずがんばりすぎない，自分で自分をうまくコントロールできる生き方を身につけてほしいと願っています。そんなことは当たり前ではないかと思われるかもしれませんが，意外にできていないかもしれません。

▶文献
川上ちひろ（2023）女の子のグループ活動からみるいじめ予防．In：小倉正義 編著：発達障がいといじめ─発達の多様性に応える予防と介入．学苑社．
川上ちひろ，木谷秀勝 編著（2022）続・発達障害のある女の子・女性の支援．金子書房．
バーバラ・M・ニューマン，フィリップ・R・ニューマン［福富護 訳］（1997）新版 生涯発達心理学エリクソンによる人間の一生とその可能性［第4版］．川島書店．

[特集] これからの時代を生きる高校生・大学生の処方箋

男子集団の社会病理を把握する

暴力，失語，ホモソーシャル

西井 開 Kai Nishii

千葉大学社会科学研究院

I　はじめに

　男子大学生による集団的な性暴力事件が跡を絶たない。帝京大学ラグビー部集団強姦事件(1997)，早稲田大学を中心としたインカレサークルで起きたスーパーフリー事件（2003），東京大学集団強制わいせつ事件（2016）。2022年には，同志社大学アメリカンフットボール部の男子学生4名が，女子学生を泥酔させて性暴力を加えたとして，準強制性交罪で起訴された。こうしたジェンダー暴力のほか，滝川高校いじめ自殺事件（2007）など，男子集団が暴力性を過剰に発露する事件はいじめという文脈でも無視できない。

　文部科学省による「平成30年度児童生徒の問題行動・不登校等生徒指導上の諸課題に関する調査」によると，1年間に発生した高校生の暴力行為（対教師暴力，生徒間暴力，対人暴力，器物損壊を含む）のうち，加害者が男子生徒だった件数は全体の93%に及んでいる（全体8,309件のうち7,725件）。明らかに男性集団の中に，暴力性が偏在していることがわかる。本稿では，高校や大学で男子学生に関わる教育者や心理の支援者を読者に想定しつつ，男子集団の持つ病理性について探っていきたい。

　その際，前提として考えなければならないのは，男性性研究者であるRaewyn Connellが言うように，男性性は社会関係の中で出現するということである（Connell, 1995/2005=2022）。昨今「有害な男性性」など，男性個人に心理的な問題が内在するかのような視点が世界的に広まっているが，男性性がもたらす問題は本質的なものではなく対人関係や社会環境に左右される。そのため，本稿では男子個人の心理的傾向ではなく，集団内のダイナミクスによって，男性の行動が規定されていくその動態に焦点を当てる。その動態を把握することは，課題の予防や対処の点から重要であると考えている。

II　ホモソーシャルとは何か

　男性集団の問題性を捉えたものとして最も有名な概念は「ホモソーシャル」だろう。同性同士の結びつきを意味するこの言葉は，文学者であるSedgwickによって詳細に議論され（Sedgwick, 1985=2001），日本でも広く使用されることになった。Sedgwickは，René Girardの「欲望の三角形」を理論枠組みとして，男性が女性を欲望（客体化）することによって，同じ女性を欲望する男性に同一化するという構造を概念の基盤に据えた。その

上で，男性同士の関係性の持つさまざまな性質を描き出している。例えば，女性との相互作用に関しては，①女性を媒介，交換することによって自身より階級が上にある男性とのつながりを求めること，②間にいる女性を性的に奪い合うことで男性同士の競争的・序列的な関係性を築くこと，③公的な場を男性だけで占有するために女性を家庭という私的領域に締め出すことなどを提示している。また，同時に男性の間に発生するホモフォビア（同性愛嫌悪）の問題についても言及し，④異性愛男性が性的な主体であり続けるために同性愛男性が排除されること，⑤同性愛男性を弾圧するだけでなくホモフォビアによって異性愛男性の関係性も制限されること，なども指摘される。

　こうした多様な性質を持つホモソーシャル概念の中から，「女性の記号化と所有」「同性愛男性の排除」を抽出し，日本における男性集団の問題を分析したのが上野（2010）である。上野は，女性を性的客体とすることを互いに承認しあうこと，つまり性的主体性を確認しあうことで異性愛男性たちの連帯は成立し，同時に同性愛男性を絶え間なく排除することで，その集団の境界線が厳密に管理されるとした。また，こうした男性同士の連帯を強める儀式として性暴力を位置づけ，前述した早稲田大学のスーパーフリー事件を例として挙げている。スーパーフリー事件において，主犯の男性は「回し（輪姦）に参加しないスタッフは一人前ではない」「回しによって連帯感を高める」と繰り返しスタッフに話していたという[注1]。

　しかし，男子集団の持つ暴力性は突如として現れるわけではなく，日常生活における相互作用の延長線で生起する。では男子集団の内部では何が起こっているのだろうか。

III　男性集団の内部で

　男性学や男性性研究の中で繰り返し指摘されるのが，男子集団の中で発生する性愛に関する話題や猥談・下ネタの存在である。女性と交際関係にあるか，性行為を行ったかという話題は，異性愛

男性の中で普遍的に行われており，またそれが集団内での評価につながることがある。例えば，筆者が主催する男性の語り合いグループ[注2]の中で，以下のような内容が語られたことがある。

　A：（中学生の頃）男子グループの中で僕の好きな子がばれて，「おい，お前いけよ」みたいな感じのノリになって。でも告白はできなかったんですよね。それで，「ヘタレやな」って結構いじめられまして。それから逃げちゃ駄目だという気持ちが強くなって。もうヘタレって言われたらあかん，みたいな。今もかなりそれを引きずってます。女性と関わる場面になった時に，逃げちゃ駄目だ状態になって，そう思えば思うほど何もできなくなっていく。

　Aさんは，異性愛関係を構築できなかったがゆえに集団の中でからかわれ，その結果として女性との関係の中で再帰的に自己を問い直し続けなければならない状況に追いやられていた。性的に主体的でなければ男性は集団の中で制裁を受ける。だからこそ男性は強迫的に異性愛に向かわざるを得なくなる。決して異性愛は本能という文脈だけに回収できるものではなく，いわば演技的^{（パフォーマティブ）}かつ過剰に異性愛に同化していく局面がある。

　B：友だちと話す時に，「男は（性行為を）ヤッてなんぼでしょ」，みたいな人格を中学生ぐらいのときに徹底的に自分を見つけようとしていて。野球部だったんですけど，もうとにかく男は筋肉・チンポみたいな。部活の先輩だったり周りの仲間もそういう話題ばっかりだったので，とにかくそのコミュニティの中で生きていくために，そういう話題になった時でも対応できる自分っていうのを表面上は作ったんですよね。

　Bさんは高校生の頃，本当はきついにもかかわらず，集団内での話に合わせるために超男性

注1）東京地裁における主犯への判決文（平成16年11月2日判決）を参照。
注2）詳細は，ぼくらの非モテ研究会（2020）を参照。

的な自己を作っていたという。男性心理学者の Kilmartin らは，男子大学生たちが男性同士では性差別的にふるまうのが当然だという社会意識に従い，仲間からの承認を得ようと性差別的な言葉を発する傾向にあることをその研究で提示した。しかも彼らの多くが実はそうした会話をすることを望んでいないにもかかわらず，である（Kilmartin et al., 2015）。つまり，男子集団の中では，男子個人の心理的傾向性とはまた別に，集団全体を，ひいては個人のふるまいを特定の方向へ水路付けていくような，グループダイナミクスがはたらいている。男子集団は，性的主体であるかどうかを条件に境界線を管理しており，その条件を満たさない者を非難し，下位に位置づけ，時に排除する。劣位の立場にならないように，構成員たちは絶え間ない自己管理に勤しまなければならない。

また，こうした異性愛を前提にした話題は，暗黙裡に非異性愛の男性を排除していく。非異性愛の男性は，話題に対する反応などによって自身のセクシュアリティに疑いがかけられることを恐れ，集団にとどまれないのである。もっと露骨に「お前ホモか」「オカマかよ」といった同性愛嫌悪に基づいたからかいが向けられることもある。相手が同性愛でなくてもかまわない。こうしてからかうことで，異性愛を絶対的な基準とした男性のつながりは担保され，異性愛的でないふるまいを抑止することができる。男子たちは制裁を恐れて同性愛的傾向を有していないことを証明しなければならず，男性同士の親密的，情緒的な関係性を過剰に忌避するようになるのである。つまり，強制的異性愛と同性愛嫌悪は，親密な関係性を築きたいという男性の欲求の宛先を異性愛に限定化していく。女性との性愛関係にしか，情緒的なつながりは生まれないと思い込んでいくのである。こうして男性集団の成員資格である「女性との性愛関係を結べているかどうか」という条件の価値は吊り上がり，男子たちは性愛関係に否が応でも向かわなければならなくなる。

本当は猥談が嫌だと思っても，別にそこまで性愛に関心がなくとも，それを申し立てることなく，表面的にドミナントな男性性を装う。それは集団内で生きのびるための戦略として機能してしまう。一見男子たちはけたたましく下ネタを交わし合っているように見える。しかし実際には性愛をめぐる排除と包摂の管理，そして序列化の中で，失語しているのである。その失語は，集団におけるジェンダー暴力でも発揮されてしまう。目の前で女性がレイプされている架空場面での対応について，異性愛男性にインタビュー調査を行った Carlson の研究では，男性同士の関係性を破綻させる裏切り者として自分が浮かび上がってしまうことを避けるために，介入を躊躇う男性たちの存在が明らかになっている（Carlson, 2008）。

Ⅳ　社会の反映としての男子

ところで，ここまで男子集団の持つ課題に焦点を当てて論じてきたが，その集団的な社会病理性は若年層の男性に限った話ではない。企業や大学，福祉施設において，夥しい量のセクシュアルハラスメントがあり，また組織からの女性の排除がある。教育機関も例外ではなく，高校における女性教員の数自体は半数を占めるものの，例えば高校の校長だけに限定すると全体の 8.4% となる。大学機関においても，女性教授の割合は 18%，女性教員の多い文系の学部でも人文科学が 26.6%，社会科学が 15.6% と低い値を示している[注3]。こうしたジェンダーギャップは，「女性よりも男性が優れている」という暗黙のメッセージを持つ。

また，社会学者の Deborah Chambers は，女性やドミナントな男性性を満たさない男性を排除して成り立つ男性の友情関係が，そのまま政治やビジネスに持ち越されることを指摘している（Chambers, 2006＝2015）。男性たちが所属する社交会や居酒屋，スポーツクラブ，大学の校友会な

注3）内閣府男女共同参画局「男女共同参画白書 令和3年版」を参照。

どは，本来娯楽的，インフォーマルなものとして形成されているはずだが，その内部では公的な場でなされるべき意思決定がなされたり，今後ビジネスを有利に進めていくためのコネクションが形成されたりして，そのネットワークはビジネスの面で大きな価値を持つ。また，こうしたグループは上述したようなメカニズムで構成員が限定化され，特に女性の場合，家事や育児といったケア労働をメインで担う場合が多いために所属しづらい。そして結果的に他者を排除した男性たちの権力が温存されるのである。

　気の合った男友達だけでグループを立ち上げ，そのままビジネスとして展開したり，公的な委員会として進行させたりしたために，意思決定を男性だけが担う排他的な組織が出来上がっていた，というケースも少なくないだろう。それは教師や心理職も他人事ではない。

　以上述べてきたような組織のあり方と，その内部に巣食う男性集団の権力維持の状況を，男子学生たちは身近で見ているはずだ。現状のジェンダー非対称な社会のあり方を，彼らは明に暗に受け取っていく。前述した排除的なコミュニケーションも，そのまま成長して継続される場合もあるだろう。「からかい」や「冗談」と自己定義してきたそれらの言葉はパワーハラスメントやセクシュアルハラスメントに該当するものになっていく。その攻撃力は，組織の中で権力関係が明確に出来上がるにつれて，強度を増していく。

　男子たちが大人たちの集団性をロールモデルとして学習していくリスクだけではなく，大人側が男子集団の問題を高めていくこともありうる。例えば，学童保育のフィールドワーク調査を行った片田（2014）は，男子の規則違反的な行動を，保育者が男子特有の「腕白な」行動として容認し，結果的に男子がその行動を肯定し，のびのびと展開することを指摘している。また，児童養護施設のフィールドワークを行った山口（2013）は，職員が男子に対して「男なら負けるな」「泣くな」などの言葉をかけ，男らしさを利用しながら支援

している実態を描き出している。さらに，臨床心理士の葛西（2014）は，男子生徒同士が抱きついているのに対して担任教師が「お前ら恋人同士みたいやな。男同士はおかしいぞ。ホモになるわ」とからかったという事例を紹介しているが，ここには教師によるホモフォビアが顕在化している。これらの事例は，男子と関わる大人たちが，男らしいとされる行動を容認，もしくは強調している現状を示している。「男の子だから仕方ない」「男子だったら耐えるのが当たり前」「男同士が親密に関わり合うのはおかしい」というステレオタイプは，男性性を固定化し，男子たちをそこに縛り付けてしまう効果を持つ。結果的に男子集団の持つ暴力性を肯定し，男子をケアから疎外する。

　わかりやすいのは部活動における体罰の問題だろう。顧問が中心となって部員のミスをあげつらい，耐えることを強い，そして暴力的な行動を促す，ドミナントな男性性を再生産するメカニズムがそこに凝縮される。2018 年，日本大学アメリカンフットボール部の監督が試合中に相手選手への危険なタックルを自校部員に指示した事件などは，その象徴的な事例だろう。他者と自己の身体や情緒を雑に扱う，扱ってもかまわないとする周囲の大人の言動が，男性としてのあり方を規定していき，男子たちもその通りに成長していく危険を，私たちは省みる必要がある。

Ⅴ　変化を肯定する

　一方で，スポーツの現場はオルタナティブな男性関係が生まれる場であるとも言われている。Anderson は，ラグビーやサッカーなどの男性チームのエスノグラフィを通して，ホモヒステリア（ホモフォビアを生み出す文化的傾向性）が相対的に低い共同体において，既存の制度では階層的だった男性同士の関係性が，水平的になることを明らかにした（Anderson, 2009）。具体的には，水平的な共同性を有するチームに所属する男性選手たちは，同性愛嫌悪を拒絶する，友情ネットワークに同性愛者の仲間を含める，友達とより感情的

に親密になる，他の男性と身体的に触れ合うことを始める，両性愛を正当な性的指向として認識する，女性的とされているふるまいや趣味を受け入れる，暴力やいじめを避けるなどの反応を見せたという。こうした男性関係が現れた背景には，多様な性のあり方が受け入れられはじめてきたことや，フェミニズムの運動の隆盛がある。つまり，男子集団におけるグループダイナミクスは，固定的，本質的なものではなく，周囲の環境設定によって変化しうるものであることがわかる。男子同士の関係性は本来的に暴力性を秘めているわけではなく，潜在的に複数の関係性を結び合うことができる。互いをケアし，また他者を慮る集団性を形成することも可能だろう。その変化の萌芽を心ない言葉で摘み取るのではなく，丁寧に見出し，変化を肯定していくことが，周囲の大人たちの役割ではないかと思う。

▶文献

Anderson E (2009) Inclusive Masculinity : The Changing Nature of Masculinities. Routledge/Taylor & Francis Group.

ぼくらの非モテ研究会 (2020) モテないけど生きてます―苦悩する男性の当事者研究．青弓社．

Carlson M (2008) I'd rather go along and be considered a man : Masculinity and bystander intervention. The Journal of Men's Studies 16-1 ; 3-17.

Chambers D (2006) New Social Ties : Contemporary Connections in a Fragmented Society. Palgrave Macmillan.（辻大介，久保田裕之，東園子ほか訳 (2015) 友情化する社会―断片化のなかのあらたな〈つながり〉．岩波書店）

Connell R (1995/2005) Masculinities. 2nd Ed. University of California Press.（伊藤公雄 訳 (2022) マスキュリニティーズ―男性性の社会科学．新曜社）

葛西真記子 (2014) 児童期・思春期のセクシュアル・マイノリティを支えるスクールカウンセリング．In：針間克己，平田俊明 編著：セクシュアル・マイノリティへの心理的支援―同性愛，性同一性障害を理解する．岩崎学術出版社．

片田孫朝日 (2014) 男子の権力．京都大学学術出版会．

Kilmartin C, Semelsberger R, Sarah D et al. (2015) A behavior intervention to reduce sexism in college men. Gender Issues 32 ; 97-110.

Sedgwick EK (1985) Between Men : English Literature and Male Homosocial Desire. Columbia University Press.（上原早苗，亀澤美由紀 訳 (2001) 男同士の絆―イギリス文学とホモソーシャルな欲望．名古屋大学出版会）

上野千鶴子 (2010) 女ぎらい―ニッポンのミソジニー．紀伊國屋書店．

山口季音 (2013)「男らしさ・女らしさ」の伝達を考える―児童養護施設職員の実践を通して．ヒューマンライツ 299 ; 54-59.

[特集] これからの時代を生きる高校生・大学生の処方箋

自分らしく生きてゆく

LGBTQ 大学生

橋本和幸 Kazuyuki Hashimoto

了德寺大学教養部

Ⅰ　はじめに

　筆者は，大学で学生相談員兼心理学教員を務めている。立場上，タイトルにある LGBTQ を含めた性的マイノリティに関する相談に対応した経験がある。性的マイノリティへの支援には，性的マイノリティとは何かを理解すること（他者理解）と，支援者が自分自身の性のあり方（セクシャリティ）についての自己理解を深める必要があると指摘されている（柘植，2014；佐々木，2022；石丸ほか，2023）が，本稿で紹介するのは，筆者や勤務校に対応経験や十分な知見がないままに，支援を行うことになった事例である。

　こうした事例を時系列に示すことで，ある大学における LGBTQ の学生が自分らしく生きてゆくことへの支援の変遷や，このうち有効であったと考えられる対応を整理することを目的とする。なお，当事者の個人情報保護のために，事例中には対応した時期や性的マイノリティの内容などを具体的に示していない。

Ⅱ　事例からみる LGBTQ 大学生支援

1　事例 1

　入学した年度に自ら事務局窓口に問い合わせて，学生相談を紹介されて来談した。この学生は高校在学中から身体の性と性自認の不一致を，仲の良い友人，担任教員，養護教諭には伝えており，スクールカウンセラーには相談していた。さらに，ジェンダー外来に通院していた。

　面接では，まず相談したいことと高校時代に受けた配慮で良かったことを尋ねた。すると，高校で特別な配慮を受けたことはなく（例：制服は戸籍上の性のものを着ていた），大学ではこのように話を聞く機会を作ってくれてありがたいとのことであった。その上で，大学に望むこととして次の 4 点を挙げた。

①本名ではなく，性自認に合わせてつけた名前で呼んでほしい。
②授業を担当する教員には，自分の性のあり方を知ってほしい。
③トイレは，他の人がいない時間を見計らって使っているが，男女共用のものがあると使いやすい。
④性自認に合わせてロッカーの場所を変えてもらえると助かる。

　一方で，次の 3 点については大学の配慮は不要とのことであった。

❶事務局職員とは性別のことで関わる機会がないため，特に知ってもらう必要はない。
❷学生には，仲が良くなった人には自分で話すため，大学から何かしてくれなくてよい。
❸更衣室は，裸になる機会がないので困っていない。

配慮を希望する4点については，他の教職員の理解と協力が必要であるため，それぞれについて下記のように対応した。

①の名前と②の授業担当者の理解については，所属する学科の責任者にまず事情を知ってもらい，そこから各授業担当者に話してもらうことを提案した。学生は学科責任者に話をするのは緊張するとのことだったので，先に学生相談から事情を伝えた。すると，学科責任者は授業担当者への周知を承知してくれた。そして，名前については受講者名簿に記載されている通りに呼ぶこと，性別は名簿に記載がなく授業中に性別に触れる機会は特にないだろうとのことであった。その上で，スポーツ実技の授業については，男女別に行う機会があるかもしれないため，授業担当者に個別に話しておいた方が良いと助言を受けた。そこで授業担当者に相談すると，男女問わず裸を見られたくないから服を着込んで授業を受ける学生がいること，ペアやグループは性別だけでなく，運動能力や体格なども考慮して作っていることなどを説明してくれた。その他のことも当該学生の事情を考慮するから遠慮なく相談に来てほしいと言ってくれた。

受講者名簿については，名簿を作成する事務局の理解が必要であり，担当者レベルでは判断できないと考えて，事務局を統括する職員に働きかけた。当初，前例がないと難色を示されたが，「住民票には通称名が記載されますよね」と投げかけた結果，学生の申し出があれば名簿等に通称名を利用できることになった。

③の男女共用のトイレは，当時「身体障害者用」のトイレが学内に複数あった。しかし，「身体に障害がなければ使わないように」と，使用が制限

されていた。そこで，筆者の所属長に何か良い方法はないか相談したところ，性のあり方に限らず，潔癖やこだわりなどで使えるトイレが限られる人がいると考え，幹部の会議で話題にしてくれた。この結果，明確な反対意見は出ず，身体障害者用トイレを「必要ならば誰でも使えるトイレ」という位置づけで使用できることになった。

④のロッカーは，事務局に相談したところ，施設案内内では明記はしないが当該学生が個別に使える場所を用意してくれた。

以上の結果を当該学生に伝えたところ，提案に満足してくれた。その後，卒業まで不都合が生じることはなかったようであった。

2　事例2

卒業を間近に控えて，ゼミ教員の勧めで来談した。以前から感じていた身体の性と性自認の不一致を，社会に出てからも抱えたまま生きていくのは辛いという。

この学生が困っていることと望むことを一緒に明確化した結果，次の4点が挙げられた。

①不一致は辛いがすぐに性別適合手術を受ける決心がつかない。
②性自認に合った名前に変えたい。
③公的な文書に記載される名前と性別を，性自認に合ったものにしてほしい。
④周囲，特に家族に理解して受け入れてもらうためには，どのように伝えれば良いか悩む。

学生の訴えを明文化してみると，卒業後に継続して相談できる機関につながることが重要ではないかと考えられた。

①については，性的マイノリティを支援する医療機関では，いきなり性別違和に該当するか否かの診断をしたり，性別適合手術を行うか否かを決めたりするのではなく，まずは自分の思いや困りごとを丁寧に聞き取ってもらえるという情報を伝えた。そこでは②や④についても相談できることを説明した。受診を希望したため，この学生の生

活圏にある医療機関を紹介した。

　受診すると，本人によれば待合室に性的マイノリティであろうと思われる個人やカップルなどが多くおり，医師が丁寧に対応してくれたことから，「これならば自分の悩み事を相談しても良いのだな」と安心したという。そして，卒業後も受診を継続して，性自認の確認，家族への告白，身体的治療への移行と，段階的に支援を受けたとのことであった。

　一方，③の文書に記載する名前と性別については，大学で発行する証明書も該当した。この学生とゼミ教員が事務局の窓口と担当課に相談したが，学籍簿と違う記載はできないと断られていた。そこで，事例1と同様に，事務局を統括する職員に学生が困っていることを伝えてどうしたら良いか相談した。この時も前例がないと渋られたが，名前は通称名で対応できないか，性別は「記載しない」といけないのだろうかと問いを投げかけた。すると，筆者が投げかけた方向で対応を検討してくれることとなった。

3　事例3

　入学前に，自ら学生相談を受けたいと来談した。相談したいことを尋ねると，次のように語った。「小学生の時から身体の性と性自認の不一致と感じ始めていた」「親に話したが賛成してくれず，男女別の学校に入れられた」「今まで我慢していたが，大学では自認する性で生活したい」。

　大学への要望や大学生活の不安を尋ねると，「更衣室とトイレは性自認と一致するものを利用したい」「名簿に記載する性別や授業担当者の扱いなどを自認する性にしてほしい」という2点を挙げた。事務局に確認したところ，事例1と事例2を含む過去の事例に基づいて対応すればよいだろうとの返答であった。そして，在学中の要望や困りごとに対応する窓口をワンストップ化してくれた。この回答を当該学生に伝えたところ，安心したようで笑顔が見られた。

　ほかに要望や不安はないか尋ねると，「友達が

できるか心配。カミングアウトをした方が良いのか」「男女別の学校だったので，同性（この学生が自認する性）と上手く話せるか不安」という2点を吐露した。そこで，心理学の知見をもとに助言を行った。①「性別にかかわらず価値観が同じであることで結びつく友人関係がある。だから，同性と友達になろうと気張らずに，気の合う人と付き合えれば良いと思う」，②「自分の全てを話したり見せたりしなくても友達にはなれる。これは性のあり方に関係ないものである」。

　最後に，将来ホルモン治療を受けることも視野に入れて相談したいので，医療機関を紹介してほしいと言われた。そこで，事例2と同様に，当該学生の生活圏にある医療機関を紹介した。

　入学後に追加の相談はなかった。キャンパス内で時々見かけると，同級生たちと仲良さそうに過ごしている様子が見られた。

III　考察

1　学生相談にできること

　柘植（2014）によれば，学生相談は，大学という教育機関に置かれた心理援助部門であるために活動の幅が広く，多面的に性的マイノリティの学生を支援できるとしている。具体的には，カウンセリングや心理療法などの個別支援以外に次の活動が可能だとしている——ファシリテーション，専門家の組織化，集団活動，仲介・媒介，ケースワーク，情報提供・助言，コンサルテーション，代弁・権利擁護，社会変革，危機介入，調整，心理教育。

　この中には，相談室外で他の教職員や組織に働きかける活動もある。事例1～3では，来談した学生の困りごとを軽減・解消するために，まず学生相談で当該学生を受け入れ，次いで上記の相談室外の活動を通して，当該学生を受け入れてくれる人につないだ。つまり，相談室内の個別支援に留まらない対応を行い，学生の話を聞く時や教職員に仲介・代弁する際に，ひるまず焦らずという対応を心掛けた。

　当事者を受け入れること・つなぐこととして，

具体的には下記の対応を行った。

2　当事者を受け入れること

1．何が必要かを本人に聞いてみる

　まず，性的マイノリティの学生が語ることに，最後まで意見をさしはさまずに耳を傾けた。その際に，支援者自身の性のあり方などの価値観を前提に話を進めたり意見を述べたりしないように注意した。

　また，必要としている支援は学生によって違うことも意識した。例えば，性的マイノリティは一般的に孤立感が高く，自己効力感が低いとされている（佐々木，2022など）が，事例1の学生は，高校以前から自発的に相手を選んでカミングアウトをして他者との関係を作り，大学でも同様にできる自信があった。一方で，事例2と3の学生は，カミングアウトをするかどうか悩んでいた。そのため，支援の方向性を決めつけずに，希望する配慮と学生が使えるリソースを学生から丁寧に聞き取って明確にした。

2．話をさせ過ぎない・広げ過ぎない

　話を聞く時には，話をさせ過ぎないように注意する必要があると考えた。これは，佐々木（2022）が指摘するように，教職員が「支援したい」という思いから「全て話してくれないとニーズを把握できない」と迫る，強制カミングアウトにつながる恐れがあるからである。

　また，支援者は当該学生から聞き取ったことを，代弁，コンサルテーション，仲介などを目的に他の教職員につなぐために，「どこまで」「誰にまで」話して良いかという線引きを慎重に行う必要がある。これは，本人が望まない内容や範囲に話が広がり過ぎることを防ぐためである。

　どちらも，「支援したい」という「善意」による支援者の先走りともいえるが，こうした問題を防ぐために，事例1〜3ではいずれも，面接の初めに当該学生に「全てを話さなくても支援はできる」「話したいことを自分で選んで話して良い」「話したくないことは話さなくて良い」という3点を伝えた。そして，共有する内容や対象を学生と話し合って合意が得られた範囲で行った。事例1〜3では，事務局や学科の責任者に話すことを学生に提案し，その人たちに伝えて良いことと伝えてほしくないことを確認した。

3　当事者をつなぐこと

1．誰につなぐのか

　当該学生の困っていることや要望に応じて，教職員の中で権限を持っている人や担当している人を選んで話を聞いてもらうようにした。内容によっては，窓口や授業の担当者レベルでは対応や決定ができないこともある。例えば，大学の運営方針（ポリシー）に関わる問題については，運営に関与できる部局長レベル以上にかけあうことにした。

2．どのようにつなぐのか

　当該学生の困りごとや要望をどの教職員に知ってもらう（つなぐ）かが決まったら，次に，どのようにつなぐか（仲介，代弁，コンサルテーションなど）を工夫した。この時に大切にしたのは，「前例を示すこと」と「3段階で伝えること」であった。

　まず，前例を示すことについては，吉野（2023）が指摘するように，学校には前例踏襲文化があり，新しい取り組みに消極的な傾向が見られる。これを言い換えれば，前例があれば動いてくれる可能性があると考えて，他大学の取り組み，文部科学省が小学校，中学校，高校，特別支援学校等に発出した配慮や支援の例（文部科学省，2010, 2014, 2015, 2016など），行政機関の取り組みなど，その時点で参考にできそうなものを「前例」として提示した。

　次に3段階で伝えることについては，①「学生が困っていることがあります。内容は○○です」，②「何か良い方法はないでしょうか」，③「こういう前例があるようです」という方法で教職員に提示した。そして，情報量が多過ぎると聞く気や

見る気を削ぐ恐れがあるので，学生の話や前例などの伝えたいことを箇条書きにして，A4判1枚程度にまとめるようにした。その上で，詳しい内容を求められた場合には，別に用意しておいた完全版を提示するようにした。

ところで，前例踏襲文化では，一度前例ができればそれに沿って対応できるともいえる。例えば，事例3の時には先行事例を教職員が覚えていて，「あの時と同じようにやればいいね」と，③のように前例を示さなくても，①の学生の要望だけで支援案を出してくれた。後述するように，支援方針の明文化や研修等によって学内の前例を周知すると，対応がより円滑になるものと考える。

4　率直に話し合うこと

学生の思いや要望を仲介・代弁する時には，他の教職員や大学に対しても，学生に対しても，一方的な物言いにならないように注意する必要がある。これは，教職員や大学の性的マイノリティについての知識，配慮や支援についての認識にばらつきがあるからである。性的マイノリティの学生の困難を正確に理解できないと，支援は自分にはできない，問題は存在しない，仕事が増えるなどと，短絡的かつ否定的な反応（端的に言えば，面倒と感じる）が生じかねない。

また，否定的な反応の背景には，学生が配慮や支援を希望することを，わがままだと反発する気持ち，一度受け入れるとその後も際限なく要求されるという心配，他の教職員や学生から特別扱いをしていると非難されることを恐れる気持ちなどがあるかもしれない。

こうした反応を防ぐためには，教職員や大学に学生の要望を伝える際には，回答は0点か100点かだけではなく部分点が存在することを意識すると良いかもしれない。例えば，トイレや更衣室の利用のように，運用上の都合で学生の要望を叶えることができないものもある。それでも，学生の話を最後まで聞くことや一緒に考えることはできる。教職員や大学の考えを聞いたら，学生に伝え

て再度考えを聞き直すこともできる。これらの作業を丁寧に行うことで，100%学生の希望通りではなくても満足できる代替案を考えることはできるかもしれない（例：トイレや更衣室は，ユニバーサルデザインのトイレの設置や増設で対応する）。

つまり，0か1かという結論ありきで話を進めるのではなく，窓口になる教職員は話を最後まで聴くこと，学生に依頼された事項は全て伝えること，大学の都合や限界を率直に伝えることなど，過程を大切にした誠実な話し合いを行うことが支援の第一歩になるのではないかと考える。そして，決まったことは教職員が一致して実行することも重要である（遠藤，2016）。このためには，結論を急がずに，教職員間のコンセンサスを得られる落とし所を探る努力が必要と考える。

IV　今後の課題

本稿で紹介した事例では，学生が相談に来た時にそれに応じて動き出し，理解や協力してくれる教職員を見つけて支援のリソースを集めるという受動的な対応が主であった。大学の対応経験が蓄積された後は，支援の方針や窓口を明確化し，広報や研修などでそれらを学内外に周知する能動的な対応によって，支援を受けやすくしたり理解者・協力者を増やしたりする努力が必要と考える。

広報は，Webサイト，学生便覧，学内誌，広報誌，掲示物などの方法により，周知の対象は学生や教職員，さらに保護者や入学希望者などにも見えやすいものにすることが重要である。研修は，教職員にはFD（Faculty Development）などの機会に実施し，学生には授業内で扱う機会を作るなどが考えられる。

最後に，大学に性的マイノリティに対する受容度は，不可逆的に増加するものではなく，教職員や学生が入れ替わることなどにより行きつ戻りつする可能性がある。このため，広報や研修は毎年度継続して行う，地道な取り組みが必要であると考える。

▶文献

遠藤まめた（2016）先生と親のための LGBT ガイド．合同出版．

石丸径一郎，森田真梨子，此下千晶（2023）ジェンダー・セクシャリティと心理支援．日本臨床心理士会雑誌 31-2；8-11.

文部科学省（2010）児童生徒が抱える問題に対しての教育相談の徹底（通知）.

文部科学省（2014）学校における性同一性障害に係る対応に関する状況調査について.

文部科学省（2015）性同一性障害に係る児童生徒に対するきめ細かな対応の実施等について.

文部科学省（2016）性同一性障害や性的指向・性自認に係る，児童生徒に対するきめ細かな対応等の実施について（教職員向け）.

佐々木掌子（2022）セクシャル・マイノリティ．臨床心理学 22-2；177-182.

柘植道子（2014）セクシャル・マイノリティ大学生を支える学生相談．In：針間克己，平田俊明 編著：セクシャル・マイノリティへの心理的支援―同性愛，性同一性障害を理解する．岩崎学術出版社，pp.123-139.

吉野真紀（2023）学校場面における性別に違和感のある子どもへの理解と支援．日本臨床心理士会雑誌 31-2；12-17.

告知 …… 日本犯罪心理学会第 61 回大会

日程：2023 年 9 月 23 日（土）・24 日（日）

開催方法：オンライン開催

全体シンポジウム：自傷と他害を考える（話題提供者：松本俊彦［国立精神・神経医療研究センター］，菊池安希子［武蔵野大学］，野坂祐子［大阪大学］，寺村堅志［常磐大学］／企画・司会：髙橋哲［お茶の水女子大学／大会準備委員長］）

参加費：正会員 7,000 円，学生会員 3,000 円

申込方法：ホームページ（https://www.jacpsy.jp/meeting/）よりお申し込みください。

◉ 連絡先

［発表・参加申込および参加費納入に関するお問い合わせ］

〒 162-0801　東京都新宿区山吹町 358-5（株）国際文献社内　日本犯罪心理学会第 61 回大会ヘルプデスク

E-mail：jacp-desk@bunken.co.jp　Fax：03-5227-8632（※連絡は，できるだけ E-mail にてお願いします）

［第 61 回大会に関する問合せ］

日本犯罪心理学会第 61 回大会準備委員会（E-mail：jacp61th@gmail.com）

[特集] これからの時代を生きる高校生・大学生の処方箋

「とまらない気持ち」をみつめよう
インターネット・ゲーム依存

関 正樹 Masaki Seki
大湫病院・児童精神科医

I　高校生や大学生における SNS の利用の現状

「令和 3 年度 通信利用動向調査」によれば，13 ～ 19 歳の 90%以上が SNS を利用しており（総務省，2022a），都内の高校生を対象とした調査においても，92.9%が SNS を利用しているとされている（濱田ほか，2017）。高校生や大学生の多くは LINE や Twitter などの SNS を利用しており，1 日の SNS の平均的な利用時間は 74.2 分であり（総務省，2022b），その利用の目的は，従来の知人とのコミュニケーション（92.3%）や情報検索（63.3%）といった目的もあれば，ひまつぶし（39.7%），新たな交流関係を広げる（17.5%）といった目的もある。このことから，多くの高校生や大学生が自らのスマホでクラスや部活，サークルの友人と連絡をとったり，ひまつぶしに Twitter や Instagram を眺めたり，つながりを求めて趣味の似通ったアカウントをフォローしたりする姿が想像される。そして，多くの高校生や大学生は目的やシーンに合わせてアカウントを使い分けており，高校生の 62.7%，大学生の 50.4%が Twitter のアカウントを複数所持していることから（電通総研，2015），現実のつながりを維持するためのアカウントや趣味のアカウント，愚痴などを言う

ためのアカウントを区別して利用していることが想像される。このように高校生や大学生の生活の細部に至るまで SNS は浸透しているのだが，その全てが SNS に依存しているわけではない。利用目的とインターネットへの依存傾向との関連を見た調査からは，「新たな友達を作るため」「ストレス解消のため」「現実逃避のため」といった必ずしもポジティブとは言えない利用目的と，依存傾向が高い群との関連が示唆されており（総務省，2014），高校生や大学生の SNS 利用においては依存のリスクのグラデーションがあり，現実の苦しさや寂しさから誰かとつながりたいといった，背景にある気持ちに目を向けることが重要になると言える。

Twitter を眺めてみると，驚くほど多くの子どもや青年が「死にたい」とつぶやいていることに気がつく。このようなケースを見れば「SNS に『つらい』『死にたい』と書いてはいけない」「親や先生に相談を」と警鐘を鳴らす方がいるかもしれないし，そのような書き込みのリスクに関するリテラシー教育が必要だと言う方もおられるだろう。もちろん，これらは間違ったことではなく，その警鐘が有効な子どもや若者もいるかもしれないが，その警鐘が SNS に「死にたい」と書き込

む子どもや若者に本当に届いているのだろうかという点に関しては疑問が残る。

　2021年度の「青少年のインターネット・リテラシーに関する実態調査」報告書においても，インターネットの不適切利用リスクに関しては70%以上の高校生が正答しており，約75%の高校生がインターネットに関するリテラシー教育を受けてきていることがわかっており（総務省情報流通行政局，2022），多くの子どもはインターネットに関するリテラシー教育を受け，そのリスクに関して知識を得ていると言える。実際にSNSに「つらい」とつぶやく子どもに話を聞いても，多くの子どもはそこで危ない目に遭うリスクについてよく知っており，リスクを知らないからつぶやくのではなく，そこにしか「つらい」という気持ちを吐露できる場所がないからつぶやいていると語る。そう考えると，SNSでつぶやかれる「つらい」ということばは，さまざまな事情から，現実の中で，どこにも「つらい」と言えない子どもが，何とか伝えようと発しているSOSであるとともに，なんとか現実を生き抜かなくてはならない自分を支えるための対処行動でもあると言えるだろう。多くの大人は「相談してほしい」と思うかもしれないが，相談しにくい要因は私たち大人側にあるのかもしれない。むしろ，私たち自身が子どもや青年にとって「相談してもいい」と思える人になる必要があると言えるだろう。

II　高校生や大学生における
オンラインゲームの利用の現状

　「令和3年度 通信利用動向調査」によれば，13～19歳の60%以上がオンラインゲームを利用しており（総務省，2022a），都内の高校生を対象とした調査においても高校生の25.1%がオンラインゲームを利用していることがわかっている（濱田ほか，2017）。休日における利用時間を見てみると，オンラインゲームの利用には平均65.4分に費やしており（総務省，2022b），SNSや動画投稿・共有サイトの視聴ほど多くはないものの，多くの

高校生や大学生がオンラインゲームに興じていることが示唆される。

III　ゲームへの依存とは？

　国際疾病分類の第11回改訂版であるICD-11にもゲーム行動症（gaming disorder）が収載されたことによって，ゲームへの依存に関して世間の関心が広く集まっている。実際に児童精神科の外来においても「帰ったら寝るまでずっとゲームをやっているから，ゲーム依存が心配」「友達とご飯も食べないで夜遅くまでゲームをしている。眠い目をこすって学校に行くけど，このまま依存になるのが心配」などといった相談が寄せられることも多い。

　青年期のゲームへの嗜癖の有病率に関するメタアナリシスによれば，その有病率は4.6%（95% CI=3.4%〜 6.0%）であり，男性の方が女性よりも高い有病率を示すことが示唆されている（Fam, 2018）。日本におけるGAMES-testというスクリーニングツールを用いた調査では，5.1%とされている（注：ただし実際の有病率は面接群から2.5%程度と推定される）（Higuchi et al., 2021）。あくまで，これらはスクリーニングツールを用いた調査であるため，大きな数字になっているが，本当にこれほどの有病率でゲームに依存する若者が存在するのだろうか？

　実際のICD-11の診断基準を見てみると，ゲーム行動症は，①ゲームに対するコントロールの障害（例えば，時間，頻度，強度，終了，文脈など）に加えて，②他の生活上の関心や日常活動よりもゲームを優先し，③問題が起こっているにもかかわらずゲームを継続，エスカレートさせるといった状態が12カ月以上続き，社会生活における重大な支障が出ている場合に診断される。つまり，高校生や大学生であれば長期間ゲームがコントロールできずに，ゲームが最優先となり，出席や単位が危ういのにもかかわらずゲームをやめられず，ゲーム行動をエスカレートさせている状態である。このようにゲーム行動症は疾病概念とし

ては極めて狭い範囲を指しており，とても高校生や大学生の 20 人に 1 人が該当するとは思えない。

これに対して多くの大人が心配をする「ゲームの時間が長すぎて心配」「ご飯も食べないでゲームをする」といった問題は，ICD-11 における危険なゲーミング（hazardous gaming）に相当し，これらの危険なゲーミングをしている若者には予防的な教育は必要かもしれないが，治療が必要であるとまでは言えないだろう。一方で，多くのスクリーニングテストはこの危険なゲーミングをしている若者もゲームに依存している疑いがあるものとして判別してしまうため，これらが推定される有病率の上昇につながっているのかもしれず，私たち臨床家は過剰診断に注意をする必要があると言える。

IV　「誰もがゲームをやりすぎると依存になるの？」

親御さんからの相談を受けていると，多くの大人は「ゲームをやりすぎると依存になるのではないか」といった不安をもっていることがわかる。確かに，そのような啓発リーフレットなどを見ることもあるのだが，これらは本当だろうか？　ゲーム行動に関してはそのリスクの濃淡がはっきりしており，「誰もがやりすぎたら依存になる」といったものではないことがさまざまな研究から示唆されている。むしろ自己評価の低さや孤独感（Caplan, 2002），幸福度の低さ（Van der Aa et al., 2009），家族間の対立（Yen et al., 2009）や ADHD（Hyun et al., 2015）などがそういったリスク因子に当たる。インターネットゲーム障害やインターネット依存，問題のあるソーシャルメディア使用など，特定の問題のあるインターネット使用の発症やその行動が続いていく土台となるプロセスを示した理論的枠組みである Interaction of Person-Affect-Cognition-Execution モデル（I-PACE モデル）においても，中核的な特性と呼ばれる素因（衝動性や自己評価の低さなどのパーソナリティ，抑うつや社交不安や

ADHD といった精神病理学的な特性，孤独感や社会に対する不信感などの社会認知など）が重要視されている（Brand et al., 2016）。一方で，もちろんすべての中核的な素因を持つ子どもが依存的になるわけではなく，保護因子としては，家族関係があたたかいことや家族とルールについて話せる関係にあることが知られており，私たち臨床家は家族関係をこじらせないことを第一に考える必要があると言えるだろう。

V　ゲームはどうして面白い？

ゲームというものには，そもそも私たちプレイヤーを飽きさせないような仕掛けがたくさん散りばめられている。例えば，対戦型のオンラインゲームにおいても，自分と同レベルとの対戦相手とマッチングするようになっており，ちょうどいい相手と対戦することで私たちは勝ったり負けたりする。必ず勝つことがわかっているゲームはつまらないし，一部の格闘ゲームのように初心者はいつも相手にボコボコにされることがわかっていると，参入障壁がとても高いばかりか，そのゲームを続けたいという気持ちが続かない。また，ゲームジャンルによる面白さの違いもある。MMORPG と呼ばれるような多人数が同時にログインして遊ぶ RPG では，いつもの仲間ができ，家庭のような雰囲気があることが楽しみの一つだ（ただし，それが人間関係疲れにもつながるので注意が必要でもある）。マインクラフトのようなゲームはその自由度から何をしてもよく，建物を作ったり，追いかけっこをしたり，チャンバラをしたりといった放課後の公園のような役割を果たしていると言える。スプラトゥーンや Apex などのゲームは面倒な育成がなく，自分の腕前ですぐに勝負できることが醍醐味だし，チームで対戦することもできる。いつもの友達とチームを組むのも楽しいが，「はじめまして」「よろしくお願いします」と言い合う間柄でも比較的楽しめる草サッカーのような雰囲気があるのも面白さである。

VI　高校生や大学生とゲームへの課金の問題

　ゲーム行動症の診断基準には「お金」に関する言及はないが，ニュースなどにおいては，しばしば「ゲームにお金を使いすぎた」などが話題にのぼることがある。特にバイトを始めて数万円といったまとまったお金を使うことができるようになった高校生や大学生のなかには，オンラインゲームなどに課金をする者もある。多くの大人は「オンラインゲームの課金＝悪いこと」のように捉えているかもしれないが，課金と一口にいっても，そのリスクにはグラデーションがある。例えば，Nintendo Switch Online のようなオンラインゲームで遊ぶための月々定額のお金が生活に支障を来たすほど高額になることはないだろうし，Fortnite や Apex などにおいてもお気に入りのキャラとスキン（ゲーム内でキャラクターの見た目を変更するアイテム）とバトルパスくらいがほとんどで，全スキンを揃えるようなプレイヤーはほとんどいない。したがって，これも問題になるような高額になる事例は極めて少ない。

　臨床的に高額になるリスクが高いものは「ガチャ」であろう。多くの高校生や大学生は通学の時間などの隙間時間にスマホのゲームアプリをしている。これらのゲームの多くは，基本プレイは無料であるが，ゲームを有利に進めるために「ガチャ」と呼ばれる課金要素とともに，それを引いてもらう仕掛けが用意されている。例えば，ダウンロードしたら無償で石を配る（例：100 連ガチャ無料など）というものはそのような仕掛けの一つだ。このように無料でガチャを回してくれたプレイヤーの一部は，その後，有料で回してくれるかもしれないのだ。そして，継続的に遊んでもらうために，毎日ログインするとボーナスがもらえたり，ゲーム内で友人関係を作らせたり，イベントを行うのもそのような仕掛けの一つだ。そして，無課金での限界が多くのゲームには仕掛けられている。もう少しでクリアできそうなのに，最後のパズルの1ピースが埋まらないような感覚にもな

る。その1ピースを埋めるのが有料の「ガチャ」であり，そこで引けるかもしれない強いカードなのである。けれども，「ガチャ」は何回引いてもお目当てのカードが引けるとは限らないし，なんとか今回は引けたとしても，ゲーム会社は人気アニメとのコラボや新キャラ，新スキルなどこれまでの課金で手に入れた強さが無駄になるほどのキャラやスキルを平気で実装してくる。まるで強さのインフレのように。けれども，これまでつぎ込んできた時間，情熱，お金から引くに引けず，プレイヤーたちはガチャを回し続ける，そんな世界がそこにはあるのである。海外には「ガチャ」と似たシステムとして「ルートボックス」というものがあるが，これらとギャンブルとの関連性も示唆されている（Zendle et al., 2019 ; Kristiansen & Severin, 2020）。

　以上のことから「ガチャ」に傾倒する青年に必要な心理教育は，ゲームそのものに傾倒する青年に必要な心理教育とは大きく異なる。当院では，①ガチャとギャンブルとちょっと似ているよ，②実際にどのくらいの確率で出るのかアプリで計算してみよう，③おうちの家計を知ろう，などの心理教育を行っているが，いずれのワークでも課金をいいこと／悪いことという文脈で切り取らないことを重要視している。いいこと／悪いことという文脈で切り取ると，家族内の対立や青年の親御さんへの反発は大きくなるからだ。

VII　オンラインゲームへの傾倒の先に

　児童精神科の外来においては「ゲームにハマって子どもが学校に行かない」という相談も多いが，そのうちの多くは「学校に行けない」状態が先にあるものであり，厳密な意味においてゲームに嗜癖的になっているとは言い難いものである。高校や大学に行かなくとも後ろめたく思っておらず，地元の友人，バイト先など小さな「居場所」があり，毎日を楽しく暮らしているのであれば問題はないかもしれないが，多くの青年は高校や大学に行けない自分を責めている。実家にいる高校生であれ

ば, 家庭の中で後ろめたさを感じているだろうし, 単身で生活している大学生であれば, アパートの一室は孤独で誰とのつながりも感じられなくなるかもしれない。このようにして多くの青年は学校という「居場所」だけでなく, 家庭という「居場所」も失いかけている。そんな青年にとって, オンラインゲームであれ何であれ, 好きなことが残っていることはそれだけで後ろめたさから自分の心を助けてくれるだろう。そして, そのような活動を続けていると, オンラインの世界で友人と出会うこともしばしばあり, その友人たちの影響を受けて, 子どもたちの世界や活動の幅が広がることも臨床家なら経験するだろう。

　周囲から見ればゲームにハマって心配かもしれないが, この段階で大切なことは「好きなことから離れさせる」ことよりも, 家族や周囲の大人が本人や本人の好きなもの・好きなことに肯定的な眼差しを向け, 家庭の中に「居場所」を回復していくことであろう。時々, 「家の居心地が良すぎるから外に出ない」と述べて, ネットやゲームを取り上げることを勧める専門家もおられるかもしれないが, ネットやゲームの取り上げは極めて高い確率で失敗をするギャンブルであり, 家庭内における暴力などの引き金にもなる。ましてや, ネットやゲームを取り上げれば, そこにしか「居場所」がない場合には, 「居場所」を奪うことにもなる。私たち臨床家がすべきことは, オンラインの「居場所」と家庭という「居場所」をつなぐことであって, 「居場所」を奪うことであってはならないだろう。

VIII　ゲームに傾倒する子どもや青年の親御さんに向けて

　かと言って, 思い悩んだ末にネットやゲームを取り上げた親御さんを責めることは慎まなければならない。勇気をもって相談に来たのに「取り上げちゃダメですよ！」なんて叱られては, もう相談に来る気持ちもなくなってしまうだろう。取り上げの背景には「このまま外に出られなかったらどうしよう」などといった親御さんなりの不安が背景にあり, だからこそ, 私たち臨床家は親御さんの不安を少なくできるように関わっていく必要があると言える。

　親御さんは「ゲームさえやめれば」と思い, 他のことが見えにくくなっていることもあるため, 実際の臨床場面では, 「ゲームをやめて子どもさんにどうなってほしい？」「子どもさんとどんな生活がしたい？」ということについて考えてもらうこともしばしばある。親御さんによっては「以前のように普通に会話したい」と思っているかもしれないし, 「休みの日に美味しいものを食べに行きたい」と思っているかもしれない。そのために「今」「できそうな」ことを考えてもらうのだ。

　現在の親子関係があいさつも返ってこない段階であれば, あいさつをすることが「今」「できそうな」ことになるだろう。あいさつはするけれど, 夕飯は1人で食べているのであれば, 「食べたいものを尋ねる」ことが「今」「できそうなこと」になるだろう。このような段階で, 「ゲーム以外の余暇に誘ってみましょう」と提案しても, 「今」「できない」ことになってしまうのだ。ゲーム以外の余暇は, 少なくとも親御さんと雑談ができる関係で, 子ども自身が好きなもののことであれば外出できるくらいでないと難しいだろう。

　このようなケースでは親御さんだけで相談に来ることも多く, せっかく相談に来たからこそ, 私たち臨床家は「今」「できそうな」コミュニケーションを提案することを忘れないようにしたい。そして, 安易に子どもや青年をゲーム行動症と診断し, 疾病として子どもや青年だけの病理とするのではなく, その世界が子どもや青年に何をもたらしているのかを考えながら, 適切な親子のコミュニケーションを回復することをサポートしていきたい。

▶文献

Brand M, Young KS, Laier C et al. (2016) Integrating psychological and neurobiological considerations regarding the development and maintenance of specific Internet-use disorders : An Interaction of Person-Affect-Cognition-Execution（I-PACE）model Neuroscience & Biobehavioral Reviews 71 ; 252-266.

Caplan SE（2002）Problematic internet use and psychosocial well-being : Development of a theory-based cognitive-behavioral measurement instrument. Computers in Human Behavior 18-5 ; 553-575. https://doi.org/10.1016/S0747-5632(02)00004-3

電通総研（2015）若者まるわかり調査（https://www.dentsu.co.jp/news/release/pdf-cms/2015038-0420.pdf ［2023 年 3 月 27 日閲覧］）.

Fam JY（2018）Prevalence of internet gaming disorder in adolescents : A meta-analysis across three decades. Scandinavian Journal of Psychology 59 ; 524-531.

濱田祥子, 金子一史, 小倉正義ほか（2017）高校生のインターネットのソーシャルネットワーキングサービス利用とインターネット依存傾向に関する調査報告. 明治大学心理社会学研究 13 ; 91-100.

Higuchi S, Osaki Y, Kinjo A et al.（2021）Development and validation of a nine-item short screening test for ICD-11 gaming disorder（GAMES Test）and estimation of the prevalence in the general young population. Journal of Behavioral Addictions 10-2 ; 285-289. https://doi.org/10.1556/2006.2021.00041

Hyun GJ, Han DH, Lee YS et al.（2015）Risk factors associated with online game addiction : A hierarchical model. Computers in Human Behavior 48 ; 706-713.

Kristiansen S & Severin MC（2020）Loot box engagement and problem gambling among adolescent gamers : Findings from a national survey. Addictive Behaviors 103 ; 106254.

総務省（2014）高校生のスマートフォン・アプリ利用とネット依存傾向に関する調査（https://www.soumu.go.jp/main_content/000302914.pdf ［2023 年 3 月 27 日閲覧］）.

総務省（2022a）令和 3 年度 通信利用動向調査（https://www.soumu.go.jp/johotsusintokei/statistics/data/220527_1.pdf ［2023 年 3 月 27 日閲覧］）.

総務省（2022b）令和 3 年度 情報通信メディアの利用時間と情報行動に関する調査報告書（https://www.soumu.go.jp/main_content/000831290.pdf ［2023 年 3 月 27 日閲覧］）.

総務省情報流通行政局（2022）「青少年のインターネット・リテラシーに関する実態調査」報告書.

Van der Aa N, Overbeek G, Engels RCME et al.（2009）Daily and compulsive Internet use and well-being in adolescence : A diathesis-stress model based on Big Five personality traits. Journal of Youth and Adolescence ; 38 ; 765-776.

Yen CF, Ko CH, Yen JY et al.（2009）Multi-dimensional discriminative factors for internet addiction among adolescents regarding gender and age. Psychiatry and Clinical Neurosciences 63-3 ; 357-364. https://doi.org/10.1111/j.1440-1819.2009.01969.x

Zendle D, Meyer R & Over H（2019）Adolescents and loot boxes : Links with problem gambling and motivations for purchase. Royal Society Open Science 19-6 ; 190049.

🐗 [特集] これからの時代を生きる高校生・大学生の処方箋

楽になりたい，でも立ち止まりたい

処方薬・市販薬依存

AKM

東京ダルク

Ⅰ　薬物は僕を手放してはくれなかった

僕はダルクで働いている。ダルクとは Drug Addiction Rehabilitation Center。頭文字をとって DARC，「ダーク」と読まず「ダルク」と読む。薬物をやめたい人たちの回復をサポートしている。ダルクに "先生" と呼ばれる人はいない。なぜなら，ここを利用する人も，ここで働く僕らのようなスタッフもほとんどが薬物依存の当事者だからだ。したがって，ここでは利用者を「患者」とか「クライアント」とか呼ばず「仲間」と呼ぶ。「仲間同士が共に暮らし，思いを分かち合い，生活のリズムを整える」，1985 年の開設以来ダルクが大切にしてきた理念だ。

ここでかれこれ 27 年ぐらい仕事をしているので，どちらかと言えば僕はベテランの部類だ。僕がスタッフになった 27 年前はちょうど「第 3 次覚せい剤乱用期」が始まった時期で，「エス」「スピード」といった隠語が流行り，10 代の若者が割と手軽に覚せい剤を使い始めて「薬物使用の低年齢化」とか言われていた。でも，低年齢化なんてメディアは言うけど僕は違和感を持っていた。僕が中学の時にはシンナーが爆発的に流行っていたし，高校ではガスパン遊びが流行っていた。もっ

と遡れば，高度経済成長期なんて「ハイミナール」や「オプタリドン」といった睡眠薬（市販薬）遊びが大流行だったらしい。

こう考えると，いつの時代も若者の間には薬物乱用問題が生じており，その時代を反映した特定の薬物が好まれて使用されていることがわかる。「世相と薬物乱用の歴史」なんて課題で研究してみるのも面白いなと思うが，それは今回僕に課されたテーマではないのでいずれ考えてみたい。

さて，今回のテーマについてだが，薬物乱用という側面からみると，何らかの苦しみ，あるいは痛みから楽になるために薬物を使用する，もっと深刻な場面では生き延びるために薬物を使用するといった自己治療仮説が想定される。確かに薬物には一瞬苦しみから解放してくれる作用があるから，生きることを最上と考えれば，死ぬほど苦しいなら使うことは責められない。近頃メディアで話題になっている「トーヨコ」や「グリ下」に集まる若者たちが市販薬を乱用していると聞くが，彼らもきっとやり場のない生きづらさや痛みを抱えているのだろう。彼らの乱用の仕方を見ると，明らかに僕らの時代とは異なる面がある。それは，使う量をセーブしないということだ。言葉はおかしいが，ほどほどに薬物を使わないということ。

まるで自傷するかのように薬物を使っていて，一歩間違えばそのままあの世へ行きかねない危険な使い方に見える。僕らの時代は友人なり先輩なり，「正しい薬物の使い方」を伝授してくれる人がいた。彼らはそういった人間関係の中で薬物を使うのではなく，ネットやSNSの一方的な情報に踊らされているのかもしれない。いずれにしても，薬物乱用には依存のリスクが付きまとう。痛みから逃れて生き延びたとしても，今度は薬物を止めることができなくなる。立ち止まろうとしたとき，簡単には立ち止まれない。いずれ，薬物を使っても苦しいし，使わなくても苦しいという二重苦にさらされることになる。

かくいう僕もかつてはそうだった。得体のしれない不安とか，思うようにいかない挫折感とか，失恋の痛みとか，思春期特有の悩みを誰にも相談できなかった。一番の相談相手が薬物だった。しかし，「もう薬物はいらない」と思ったとき，薬物は僕を手放してはくれなかった。

II　ただ痛みを和らげてくれるものが欲しかった

いささか“ワケあり”の家庭に僕は育った。子ども心に，「うちは秘密の多い家庭」だと感じていた。父と母が22歳も年が離れている，両親の姓が違う，「本当にこの人たちは自分の親なんだろうか」と。けれど，そんな疑問がもし本当のことだったらどうしようと思い，怖くて聞けなかった。どうやら，妻子のあった父が母と不倫の末に周囲の反対を押し切って東京に駆け落ちし，望まれないまま僕が産まれたらしいと知るのは，だいぶ後になってからだった。

子ども時代は，硬式少年野球チームでピッチャーとして活躍していた僕に対して両親，とりわけ父親の期待が大きかったように思う。大好きなパチンコも競馬もやめ，休日は練習に付き合ってくれた父。試合の日は，商売道具のタクシーを「自家用」に変えチームメートと共に会場まで毎回運んでくれた。「この右肩で将来契約金ナン千万だな」などと冗談とも本気ともつかぬ口調で言い，僕自身も野球選手になる夢を見ていた。

一方，小学校は僕にとってはまさに戦場だった。タバコや万引きが身近にあり，ケンカや無視は日常的に発生していた。毎年卒業式間近になると「お前は卒リン（卒業リンチ）のリストに入ってるから覚悟しておけ」と上級生から脅された。先生は全くあてにならず，時には上級生より暴力的だった。気持ち的にしんどくて息が詰まりそうだった僕の異変に気づいた母に「なにかあったの？」と声をかけられはしたが，必死に平静を装った。期待を背負っている立場としては，家でも弱音を吐くことは許されなかった。

父が家を買ったので中学の途中で隣の区に転校し，硬式野球はやめてしまった。そこでぬるま湯のような生活に慣れていつしか野球への思いは消えてしまった。僕が野球をやめると父はギャンブルを再開し，家に金を入れなくなった。中3のとき，好きな子ができて，青春ドラマと勘違いしていたわけでもないが，卒業式の日に告白して，そしてふられた。

高校は甲子園を目指せるような学校に進学したが，父の期待には添わず，野球部には入らなかった。この時期，体育会系特有の泥臭い，拘束された生活に嫌気がさしていたからだ。それよりも，見たことのない，もっと自由な世界に憧れた。

それで，酒，タバコ，シンナー，オートバイ，大人が「やってはいけない」と言うことは一通り試してみた。しかし，どれも「なんか違うぞ」「これが本当に俺のやりたいことなのか」という違和感がつきまとった。「やっぱり野球がやりたい」。父に連れられ，半年遅れで野球部の門を叩いた。だが，「他の部員への示しがつかない」との理由で中途入部は認められなかった。

少年時代，内面的な脆弱性は，野球をやることで補っていたのかもしれない。だから，このときなんとなく何かが崩れて僕は自分を見失ってしまった。

何でもよかった。ただこの痛みを和らげてくれるものが欲しかった。たまたまそれが薬物だった

のだ。

　僕が中毒になったのは，咳止めシロップ。どこの薬局にも売っている。多量に飲むと危ない成分はコデインとカフェイン，それと当時は覚醒剤の原料にもなるエフェドリンが含まれていた。高校のクラスメートが「これ飲むと頭が冴える」「かったるい授業もあっという間に終わる」と言って薬の瓶を一気飲みしていた。誘われても最初は遠慮していたが，彼らと仲良くなるにつれ気が変わった。

　初めてその薬を飲んだときは，気持ち悪くなるだけで「こんな物か」と思った。次に飲んだときスーっと頭が冴えてきて，集中力が増してきた。試験前に飲むと頭がよくなる気がした。遊びに行く前に飲むとテンションが上がった。女性の前では全く緊張しなくなった。小さいころから僕を苦しめてきたアレルギー鼻炎がピタリと止まった。「こんなに便利な物はない」といつの間にかその薬を手放せなくなった。友達もやめられなくなっていた。しかし，薬を買うには金がかかる。浅はかな僕らは高い洋服などを万引きし，それを売り飛ばして金を作るようになった。いつのまにか罪悪感は消え失せ，悪ければ悪いほど格好いいという感覚に陥った。

　高校3年生になって，金欲しさに悪友たちと部室荒らしをしたのが発覚し，警察沙汰になり，即刻退学を命じられた。周囲には，「先生をぶん殴って辞めた」と強がってみせたが，内心は穏やかではなかった。

　高校中退。こんな現実が僕の人生に起こるとは。生唾をいくら飲んでも消えない危機感を覚え，まず薬をやめることを考えた。それで水と食料を買い込み，薬を止めるまで家から一歩も出ないと決心した。しかし，時すでに遅し。飲まないとだんだん頭の中にコンクリートが流し込まれていくような感覚，金縛りのような重さ，ひどい下痢，発汗，妄想など，離脱症状がきつくて生きた心地がしなかった。終いには，トイレに行きたいのに体が言う事をきかず，ベッドの上で用を足してしまった。

自分が情けなさ過ぎてもう薬を止めることはあきらめた。再び薬を飲み始め，事なきを得たが，今度は「（薬が）切れたらどうしよう」という恐怖に支配されるようになった。

　その後，大検（大学入学資格検定試験）を受け一浪して大学にも入学したが，頭の中は薬のことでいっぱいだった。「大学に入ったら変われるかもしれない」と必死の思いで考え付いたのは「厳しい環境に身を置けば薬なんかやるヒマはなくなる」ということで，当時ジョー・モンタナ（49ers）に憧れていたこともあって，体育会アメリカンフットボール部に入部した。「これで止められるかもしれない」。しかし，僕のアディクションはそんなことでは治まらなかった。自分を律するどころか生活はますます悪化した。毎年留年を繰り返し，もはや，薬を使うこと以外何もできなくなってしまった。

　大学5年目に，薬代欲しさにパチンコ屋さんの景品を盗んで捕まり警察に突き出され，留置場に入れられた。刑事さんに「しばらく（ブタ箱に）泊まっていってもらうぞ」と言われたとき，不思議なことに「これで薬がやめられる」と思い，安堵した。

　「ここを出たら絶対に止める」

　面会に来てくれた母親にも，そう約束した。

III　あの人たちの後をついて行けば……

　けれども僕は薬物依存症だった。警察を出たその日の夜には，薬の瓶を手にしていた。「絶対やめる」は紛れもない僕の本心だったのに。逮捕されてもやめられなかった。翌日，父が探してきた薬物依存症リハビリ施設「ダルク」に行くことになった。

　「よく来たね。もう心配いらないよ。一緒にがんばろう」と出迎えてくれたダルクスタッフはとても爽やかな人だった。彼は僕と話すとすぐに僕の状態を理解したようだった。「ここでは嘘をつく必要がない」。感じたことのない安心感に一瞬包まれた。

しかし，ダルクに入所してもすぐに薬をやめられたわけではなかった。いづらくなって施設を逃げ出したが，家には戻れない。祖父の家や，カプセルホテルなどを転々とした。アルバイトもやってみたが，勤め先の金に手をつけすぐにクビになった。泊まる所がなくなって，外で寝てみた。ホームレスのおじさんに「そこは俺の場所だ」と言われて追い出され，ついには行く所がなくなった。

フラフラしていたら街中でダルクのスタッフに会い，「戻ってもう一度一緒にやらないか」と声をかけられた。戻ってみたが，薬物は続けた。結局，精神科に入院することになった。そこでも，保護室を出て開放病棟に移るとすぐ薬局に走った。親が面会に来て，大学への退学届を持ってきたのでさっさとサインして送り返した。

逮捕されたり，病院の保護室に入れられたりしたとき，「もう絶対にやらない」と心に誓うのに，自由になってしまうといつの間にか思いが変わってしまう。こんなに不自由なことはなかった。

他の入院患者から借金したり，近くのコンビニで万引きした漫画本を売ったりして薬代を作った。ある日それがバレて，強制退院になった。病院を追い出されて気の向くままに電車に乗ったが，自分の足元を見たら病室で使っていた名前入りのスリッパを履いたままだった。情けなくて人知れず苦笑いした。友人，家族，恋人，学校，夢，希望，自尊心，良心，大切なものがどんどん失われていくなかで，自分の人生が終わりに近づいていると感じた。

行く当てもなく，結局ダルクに戻った。シャブでテンパって焼身自殺を図ったが一命をとりとめたというジョーさんに「がんばろうよ」と声をかけられた。次の日には別の病院に入院させられた。そこは，牢屋のような，墓場のような，これまで見たこともないえげつない空間だった。動物園の檻みたいな病室に閉じ込められ離脱が苦しすぎてウンコを漏らしたとき，コーラを盗んだ患者が看護師に思い切り殴られているのを鉄格子の隙間から見たとき，将棋仲間で同じ歳（24歳）の患者T君が10年もこの病院に入院していると知ったとき，得体のしれない恐怖を感じた。ありえない現実がこの病院にはあり，僕はダルクのスタッフにハメられて一生この病院から出られないんだと思った。

入院も1週間過ぎ，離脱症状もなくなったころ，不思議なことにこの牢獄にいながらだんだんと気持ちがクリアになってきた。フィルター越しの感情が，ずっと喜怒哀楽をごまかしてきたのではじめは戸惑ったが，そのうちいろんな感情が戻ってきた。

ある日，団らん室で女子マラソンの中継を見た。一生懸命走っている女の人を見て，なぜだか涙が止まらなくなった。必死で生きている人を見て感動した。そして悔しくて，嗚咽した。中途半端に生きてきた自分を悔いた。情けない僕に，やがて声をかけてくれたのは病院スタッフではなく同じ年の患者T君だった。この閉ざされた空間でしか生きられないT君に僕は救われたのかもしれない。

「俺もあの女の人みたいに必死こいて走りたい」

このときから僕は正気を取り戻していった気がする。

病室に戻るとダルクの人たちのことを思い出した。あそこには僕よりもっとつらい経験をしてそれでもなお前向きに生きている人たちがいる。それを忘れていた。

「あの人たちの後をついて行けば，俺も生き直せるんじゃないか」

退院後は，ダルクのプログラムに本気で取り組んでみようと思った。このとき24歳，僕の人生はターニングポイントを迎えた。

IV　自分への信頼・仲間との出会い

依存症は巧妙なので，ダルクに戻った後も，二度と薬に手を出さない自信はなかった。それどころか毎日毎日，薬のことが頭に浮かぶ。しかしそのたびに，自分の心の揺れをスタッフや仲間に話

した。生まれて初めて誰かを頼ることにした。

　子ども時代に周囲から期待され，それに応えようと強がっていたころから，僕はずっと自分の弱さを他人にさらけ出すことができなかった。しかし，ここでは自分を取り繕ったり，格好つけたりする必要はないことに気づいて，少し肩の力が抜けた。

　「弱くてもいいんだ」「戦う必要なんてない」

　自分自身に正直に向き合うことで，僕は変わっていった。

　施設でのプログラムは，1日3回のグループミーティングが中心。そこで依存症の当事者同士がお互いの思いや体験を語り合う。やりたいことはすべて棚上げし，回復に向かって必要なことだけを毎日ひたすら繰り返す日々。朝起きて「今日も僕に薬を使わせないでください」と祈り，寝る前には「今日も一日薬を使わずに過ごせました」と神様に感謝した。何かの宗教を信じているわけではない，変わりたいという思いだけが僕を突き動かした。

　6カ月のプログラムを経て，就職が決まり，実家に戻った。その後も，仕事を終えると，都内各所で行われている自助グループのミーティングに参加し続けた。それでも，まだまだ不安だった。いつ薬を使ってしまうかわからない。使って当たり前のアディクトな生活から使わなくて当たり前のノーマルな生活に切り替えるのに時間がかかることはわかっていた。薄皮を一枚一枚はがすように少しずつ前に進み，だいぶ時間が経ってこの不安から解放された。

　薬物依存からの回復は，楽ではない。仕事を始めて1年経ったころ，ある日，高熱を発して倒れた。肺結核と診断され，そのまま入院。人生の遅れを取り戻さなければと，焦ってしまったのが災いした。寝る間も惜しんで，仕事にプライベートにいろいろなことをやりすぎてしまった。体が付いてこなかった。

　退院後も，1年ほど仕事に就くことを医師から禁じられたので，その間，しばしばダルクを訪ね

ているうちに，「スタッフをやってみないか」と誘われた。素直に，これまでしてもらったことを「今度は自分が返す番だ」と思った。

　最初は，給料なしの見習い。その後，有給のスタッフになり，ミーティングの司会やメンバーの入退院の付き添いなどに奔走した。はじめは戸惑ったが，徐々にこの仕事が楽しくなってきた。人が変わっていく姿を見るのはものすごく自分の力にもなった。体調も回復し，もっと何かやってみたくなった。このころ，高校も大学も中途半端で終わっていることが気になっていたので，昼間働いて，夜大学に行こうと決心した。受験勉強を始め，もちろん，かつてのように薬を使うことはなかったが，このとき思った。「10年前は薬がなければ何もできなかった。今は違う。俺は何を恐れていたんだろう」と。

　試験には，無事合格。夜学通いは，時間的にきつかったが何とかやり通した。社会福祉学を学び，単位も順調に取得して進級し，自分にとっての初めての充実した学校生活となった。

　4年間で何とか卒業。32歳だった。掲示板に貼り出された卒業者名簿に自分の名前を見たとき，生まれて初めてうれし泣きした。「やればできるじゃん」と久しぶりに自分を褒めた。その後，専門学校に1年通い，精神保健福祉士という国家資格も取得した。結婚し，子どもも生まれた。

　一つひとつ大事なものを積み上げながら，僕はだんだん自分への信頼を取り戻していった。しかし，僕一人の力で回復できたとは思ってもいない。ダルクや自助グループでいろいろな仲間に出会ったことが一番大きい。回復の原動力は，やはり人との出会いだと思う。そう，人生の解決策は人との中（仲）にあるのだ。

＊

　娘は今春，大学生になる。息子は高校生になる。思春期を迎えた二人の子どもは僕に似て人を頼ることが下手な性格をしている。自己表現も下手だ。自己肯定感も低い。ちょっとしたきっかけで僕の

ようにメインストリームからドロップアウトしかねないもろさを持っている。ダルクを訪れる若者と内面の脆弱性はそれほど変わらない。親としては心配だが，あれこれ言っても子どもの心には響かないようである。二人とも僕の過去の詳細は知らない。風邪薬をやっていたとか，中退したとかは知っているが，それ以上のリアリティは話していない。それでも先日思い切って二人に伝えたことがある。

　「お前たちよく聞いて。この先，まわりで友人や恋人が薬物を使っていたとする。おそらく今だと大麻か市販薬だ。その人たちは心地よさそうに，楽しそうにしているかもしれない。でもお前たちに限ってそれを楽しめることはない。それで

解決できることも一切ない。なぜならパパとおじいちゃん（ギャンブル依存）の血が流れているからだ。悪いことは言わない，何か自分で解決できないことがあったら親を頼れ。誰かを頼れ」

　娘は「わかってるよ」と言い，息子はこくりとうなずいた。意外な反応だったがこちらが真剣な分，しっかりと伝わったようだ。あとは彼らが自分なりの生きる処方箋を見つけることを願うばかりである。

　話の大部分が僕自身の個人的なストーリーになってしまい，なんだか恐縮している。それでも僕の話がこの問題に携わる援助者，あるいは当事者の参考になれば幸いである。

[特集] これからの時代を生きる高校生・大学生の処方箋

「あなたはひとりじゃない」から「あなたはひとりでいい」への転換

SNS・関係性依存

野坂祐子 Sachiko Nosaka

大阪大学大学院人間科学研究科

I　はじめに——「いいかげん」にできない

目が覚めたら，すぐに枕元のスマホに手を伸ばす。まだ眠い身体を横たえたまま，SNS の画面をスクロール。寝ている間に，SNS の世界は，友だちのつぶやきや知り合いの投稿，知らないニュースで溢れている。友だちが RT（リツイート）したアカウントを確認して，軽く舌打ち。今さらタイミングが悪いかな……でも，反応しないのもおかしいかも……。気づいたら，もう 15 分経過。時間のない朝，時間が止まらない SNS の始まり。

スマホの画面を尻目に朝食をかきこんでいると，また，母親の小言が始まった。「いいかげんにしなさい」——全然，わかってない。学校に行くまでに見なきゃ意味ないんだから，いいかげんになんてできるわけない。自分だって，パート先でのおしゃべりに，ワイドショーのネタが欠かせないくせに。これみよがしのため息が聞こえたのを無視して，次々に変わる画面を目で追ううち，周囲のことはどうでもよくなっていく。もう何も耳に入らないし，頭のなかが刺激でいっぱいになっていく感じ。うっとおしい家族よりも，ずっと大事な世界がここにある。

さまざまな SNS アプリに代表されるソーシャルメディアは，多くの人に生活の一部として活用されており，情報の収集や発信，交流などに欠か

せないものになりつつある。とりわけ若者にとっては，他者との関係性を築くうえで重要なツールであり，〈会う〉という物理的空間を超えて〈出会える〉ソーシャルメディアの世界では，学校生活が 24 時間続くようなものである。交遊や交際においてソーシャルメディアが果たす役割は大きく，リアル（現実）とバーチャル（仮想）の境界はますます曖昧になっている。

元来，思春期・青年期は，〈ペルソナ〉と呼ばれる外向きの人格と内面に潜む自己を有する若者が，多面的な自分を仮面のように使い分けながら，〈自分らしさ〉というアイデンティティを模索する時期とされてきた。その点からすれば，若者が自分の画像を加工して〈仮面（ペルソナ）〉を作り，バーチャルな世界でリアルな感情体験を重ねていくこと自体は，ごく自然な成長の過程といえよう。親の価値観よりも，仲間との〈掟〉のほうが重要になるのも当然である。そもそも，現代は情報に溢れていると言われるものの，一昔前のほうが家庭でのテレビ視聴率は高く，父親が朝刊を読みながら食事をとるシーンが日常的な風景として描かれていた。情報を必要としているのは若者に限らないし，それがマナー違反になるかどうかは時代によって異なる。

とはいえ，SNS にハマッて日常生活や対人関係に支障をきたすようなら，ソーシャルメディアは便利なツールとばかりは言い切れない。また，対人関係に安らぎを求めながら葛藤関係に陥りやすいのは，相手との〈ご縁〉だけではないその人自身の特定のパターンがあるのだろう。どちらも「良い加減（enough）」がわからずに，どれだけ求めても「足る（enough）」ことがない。このように，「もっと，もっと……」の渇望を伴う行動は依存（アディクション）と捉えられ，ソーシャルメディアや対人関係も依存の対象になる。

ソーシャルメディアは情報ツールであり，対人関係は生身の人間との交流を求めるものなので，両者には違いもあるが，ここでは〈人とのつながり〉という共通項に着目してみたい。なぜ人はSNS にハマるのか，どうして不安定な恋愛関係を繰り返すのか。「足りない」という渇望はどのように変わるのか。

II　依存の特徴

物質であれ，関係性であれ，過剰で強迫的な活用，渇望を伴う行動を依存という。誰しも，一時的に「やりすぎる」ことはあるが，それに時間と労力を費やすあまり，他の重要な生活が損なわれていくのが依存の特徴である。ある特定のことばかりやって睡眠時間が削られ，日中の活動ができなくなる。そのことで頭がいっぱいで，うわの空になり，身近な人への配慮ができなくなる。たいてい，本人よりも先に周囲が迷惑をこうむったり，傷ついたりするが，やがて本人も「やめられない」「どうしようもない」というコントロール不全の状況に陥る。ソーシャルメディアを「それほど長時間は使っていない」という人でも，一日に何度も投稿をチェックしていれば，たとえ数分ずつであっても，その日の使用が数時間に及ぶ場合もある。このように，本人が依存している自覚がないまま，事態は深刻化しやすい。

どの依存にも共通しているのは，気分の変化を伴うことである。それによって楽しい気分になっ

たり，落ち着いたりする。他の活動では感じられないような高揚感や多幸感が得られる。次第に，同じ刺激量では物足りなくなり，用量や時間，関与が増えていくという耐性があるのも依存の特徴である。それが制限もしくは禁止されると不快な生理的・情緒的反応が生じる。離脱症状と呼ばれるもので，アルコールや薬物といった物質に限らず，情報や対人関係でも同様に，離脱時には焦燥感にかられたり，イライラしたりする。依存によって，現実の生活や対人関係でも葛藤や対立が起こるようになると，そのストレスが再発や再使用につながりやすい。周囲の「やめさせたい」という心配が本人を怒らせたり，追いつめたりする。やがて本人も「やめたい」という思いだけではどうにもならないという悪循環が生じる。

依存によって，視点が狭まったり，偏ったりするのも共通している。それにとらわれるばかりか，目立つ情報や偏った内容に目が向くようになるため，客観性が欠けていく。思い込みや誤った判断によって，新たなトラブルが起きやすくなる。

特定の人との関係のなかで，渇望やコントロールの喪失がみられることは，関係性依存（relational addiction）と呼ばれる。例えば，恋愛依存では，多幸感や高揚感，陶酔感を意味するユーフォリア（euphoria）を求めて恋に落ち，浮き沈みのある激しい恋愛関係を繰り返す。多くの人にとって，恋愛は人生を豊かにする関係性のひとつだが，関係性依存の人は，幸せになるには特定の人との関係性が不可欠だと思い，ひとりでいられない。長期的な関係性を望みながら，実際には，平穏を退屈に感じたり，相手の凡庸さに不満をいだいたりして，出会いと別れ，口論や裏切りを繰り返す。しばしばセックスを用いた関係修復を図り，刺激的で破壊的な関係性を持つ。とはいえ，本人は「愛されたい」という〈ささやかな願望〉をいだいているという自己認識でおり，内なる激しさを自覚していないこともよくある。

III　なぜ，依存するのか

依存の生理的メカニズムとしては，依存行動によって誘発されたドーパミンが脳の報酬領域の反応を引き起こすことが知られている。ちょっとした興味による自発的な行動から始まったとしても，次第にコントロールできなくなるのは，こうした脳の作用が大きい。

また，依存を引き起こしやすい社会環境も影響する。ソーシャルメディアのプラットフォームには，利用者を増やすためのマーケティング戦略として，ドーパミンを誘発する仕掛けがたくさんある。他のユーザの反応が即時にわかり，関連する投稿や情報が絶え間なく送られてくる。ソーシャルメディア依存の情報サイト（Addiction center : https://www.addictioncenter.com/［2023年3月1日閲覧］）では，SNSに投稿することによる自己開示が，物質を摂取したときに反応するのと同じ脳の部位を活性化するという研究結果を紹介している。人は自分自身について話しているときに，脳の報酬中枢がもっとも活発になるという。対面でのやりとりではわざわざ口にしないことでも，SNSでは自分のライフスタイルや成果について誇示しやすくなる。

つまり，カキコミや投稿をすることでドーパミンレベルが上昇し，報酬を受け取った脳は，その行動をよいものとして関連づけるという正の強化が起こる。確かに，自分の投稿に「いいね！」やメンション（コメント）がつけばうれしいものだし，何かを成し遂げるほどの努力をしなくても，最小の労力で注目を集められる。通常，他者から評価されるには時間も信用も必要であるが，SNSでは即座に反応が得られるので，報酬要求の無限ループにハマるのも無理からぬことだろう。

また，自分が投稿するだけでなく，代わりに無茶な行動をとる人，主張してくれる人の投稿を読み，溜飲を下げることもできる。高みの見物をしながら，無責任に（実際には責任を負っているのだが）他者への攻撃に加担することができる。他者の尻馬に乗るような言動もSNSのほうが気軽にできよう。

もちろん，SNSで得られるのはポジティブなリアクションだけではない。だからこそ，ハラハラしながら得られた反応が報酬になるのだ。ギャンブルと同じく，リスクと裏腹だからこそ，一喜一憂できる。しかし，本人は刺激を求めているとは感じにくい。むしろ「無心でやっている」「リラックスできる」と思っている人がほとんどだろう。実は，脳への影響が大きく，リラックスとは反対に覚醒度が高まり，気晴らしのつもりがストレスを溜めているのだが。そのため，ドーパミンが切れると手持ち無沙汰になり，知らず知らずのうちにSNSに戻ってしまう。

恋愛依存も，本人にとっては〈ささやかな願望〉にすぎないが，恋に落ちる最高の気分に依存している。パートナーに夢中になり，会いたい気持ちが我慢できず，頻繁なセックスを求めることもある。「どうして会ってくれないの！」と相手を責め立てているときも，もちろんドーパミンが放出されている。抱きしめられたり，触れ合ったりすることで放出されるオキシトシンは，安らぎや喜びを感じさせる。この2つの脳内物質によって，ストレスや抑うつ気分，人生の足りない部分を埋めようとする。結局のところ，真のニーズはこの〈埋め合わせ〉であり，恋愛対象の〈人〉にあるわけではない。そのため，どれほどドラマティックな恋愛であっても，「この人じゃない」と情熱が冷めたり，「別に，自分じゃなくてもいいのだろう」と相手が去っていったりする。

恋愛依存では，パートナーとの関係以外に「人生はない」とすら思うので，早急に関係を深める傾向がある。相手の欠点や関係性の問題に気づきにくく，たとえ自分が傷つけられても，相手を許してしまいがちである。自分のライフスタイルを変えてでも，関係性を優先することも少なくない。逆に，相手を振り回して支配的にふるまうこともあり，いずれにしても対等な関係性ではなく虐待的な関係性になりやすい。問題をかかえた相手の

世話や尻ぬぐいばかりして，自分のニーズよりも相手のニーズを優先させるという自己犠牲的なイネイブラー（enabler）は，依存的もしくは暴力的な相手に惹かれやすい。関係性の浮き沈みによる疲労感や不安，抑うつ，イライラを感じながらも，ひとりになれない。

　関係性依存の背景には，依存的な家族関係のなかで育ったことや自分のニーズが満たされなかった体験などがあるかもしれない。社会的に孤立していたり，大切な人や活動を失ったり，生活や仕事がうまくいかないといった一時的なストレスがきっかけになる場合もある。何かひとつの要因があるわけではなく，社会環境と個人の生活状況，脳内物質の影響，個人の性質や周囲からのサポートなど，さまざまな問題が絡み合って起きている。

Ⅳ　「取り残される不安」とリテラシー

　ソーシャルメディア依存になると，膨大な量の情報に没入することで，対人関係への関心が薄れたり，他者への配慮がおろそかになったりする反面，SNS を介して不特定多数の他者が気になり，対人関係にとらわれやすくなる。SNS では，ユーザの興味に基づいて特定の広告や情報がアピールされるというキュレートが設定されている。そのため，豊富な情報に触れているつもりでも，自分が「いいね！」と思う情報だけが集まってくる。関心を寄せている内容だからこそ，情報を好ましく思えるときもあれば，嫉妬や恨みをいだき，落ち込むこともある。他者が「キラキラしている」ように見えても，それは現実とは異なる（せいぜい一面にすぎない）が，「みんなは自分よりも幸せで充実して成功している」と思い込む。自分の生活への不満がかきたてられ，不安や抑うつが強まったり，つねに他者と自分を比較して自意識過剰になったりすることもある。

　さらに，SNS がもたらす心理面への影響として「取り残される恐怖（fear of missing out : FOMO）」（Addiction center，前掲）がある。知り合いの投稿では，自分が招待されなかったパー

ティ，誘われなかった集まり，都合がつかずに断念したイベントなど，さまざまなシーンを目にする。自分が忘れられているのかもしれないという不安や大切な機会を逃してしまったような焦りから，強迫的に SNS をチェックするようになる。FOMO は，社交不安につながったり，自尊心を低下させたりするという。逆に，他者の FOMO を煽ることがネットいじめになりうる。現実世界でなく，バーチャルな環境のなかで，孤独や孤立が生じる。

　退屈や苦痛をまぎらわせることができるソーシャルメディアは，孤立した若者にとっては，とりわけ依存しやすいツールである。SNS を介した対人交流が望める一方，SNS が不安をかきたて，対人葛藤が生じることもある。ソーシャルメディア依存に対しては，SNS の利用を控えるデジタルデトックスが推奨されている。すべて手放すのは難しくても，アプリの削除や使用時間の制限，寝室には持ち込まないなど，刺激にさらされる時間を減らしていく方法である。また，SNS に接する行動を「〜しない」と禁じるのではなく，「会って話す」「休憩をとる」といった前向きな行動計画のほうが動機づけを高められる。

　こうした SNS の使い方やネット上の情報の偏りについて学ぶメディア・リテラシーは欠かせないが，より重要なのは，自分の感情がわかるためのエモーショナル・リテラシーであろう。とくに，依存の予防や回復においては，激しい感情に振り回されたり，苦痛な感情を抑圧したりするのではなく，自分の感情を理解し，使いこなす力が求められる。感情理解のための心理教育とスキルを学ぶエモーショナル・リテラシーは，ソーシャルメディア依存だけではなく，関係性依存にも役に立つ。スマホやネットというツールが害を与えるのではなく，ツールを駆使して苦痛な感情を否認している〈対処法〉が依存につながっている。関係性依存もまた，「ひとりでいられない」ことへの〈対処法〉が傷つきを深めているからだ。

Ⅴ　おわりに——だれでもひとりきり

　10代の頃は，むしろ恋愛には関心がないほうで
した。受験や進学でそれどころではなかったです。
社会人になってから，寂しくて，どうしようもなく
て……。どんなに仕事をがんばっても，結局，パー
トナーのいない自分には価値がないって思ってしま
う。仕事で認められるのでは，満たせないんです
……誰かに愛されていると感じたいし，求められた
い。でも，交際してもうまくいかないんですよね。
「何を考えているのかわからない」「僕じゃなくても
いいんだろう」って言われてしまって。私は気持ち
を伝えていただけなのですが，「会いたい」「連絡し
てほしい」と求めるのは〈重い〉みたいで。当時
は，相手のことが好きだから当然と思っていました
が，本当は，その人じゃなくてもよかったんですよ
ね……。相手を傷つけていたのだと，今はわかりま
す。ずっと，自分のほうが傷つけられていると思っ
ていました。

　恋愛って難しいですね。少しずつ，自分の寂しさ
が幼い頃に満たされなかった気持ちとつながってい
ることが見えてきました。原因がわかったからと
いって寂しさはなくなりませんが，傷ついていた自
分をいたわることから始めようかな，と。まずは自
分を愛することからですね，恋愛はそのあとに。

　ソーシャルサービスであれ，対人関係であれ，
何かに依存するのは〈それが必要だから〉である。
ニーズを満たす手段として何らかの行為や関係性
を求めているのなら，「我慢する」だけではむし
ろ欲求は高まってしまう。叱責や脅迫，説教で変
えようとしても，かえって「わかってもらえない」
「誰にも頼れない」という思いをいだかせ，依存
の対象に頼らざるを得なくなっていく。行動を禁
じて問題を潜在化させるのではなく，真のニーズ
と対処のパターンを顕在化させ，水面下（無意識）
に追いやってきた感情や思考に向き合うことが重
要となる。

　とはいえ，それまで必死で追いやってきた感情
や思考は，本人にとっては感じたくない，考えた
くないものにちがいない。だからこそ，依存行動
を手放すことには痛みが伴う。回復の過程で，そ
れまでの依存のパターンに戻ったり，新たな依存
に移行したりすることが多いのももっともであ
る。回復とは，行きつ戻りつする長い旅路のよう
なものである。それはときに深い孤独を伴う。そ
のため，依存からの回復には，仲間や支援者との
〈人とのつながり〉が欠かせない。同じような体
験の語りを聴いたり，読んだりするだけでもいい。
「あなたはひとりじゃない」というメッセージは，
当事者はもとより，依存行動に悩まされてきた家
族や身近な人々も勇気づけるものである。

　同時に，「あなたはひとりでもいい」というメッ
セージも必要である。〈人とのつながり〉を求め
てSNSや恋愛にハマる人は，実のところ，「ひと
り」になりきれていないのではないか。親の小言
から逃げるようにSNSに没頭する若者は，親に
自分の境界線を侵害されすぎているかもしれな
い。他者の投稿を見て胸がざわつくのは，他者と
自分の人生の境界線が曖昧だからといえる。関係
性依存からの回復に必要なのは，〈相手〉との付
き合い方ではなく，〈自分〉との付き合い方である。
自分の思いを相手に押しつけたり，相手のために
自分を犠牲にしたりするのではなく，自分自身の
欲求を実感できるようになるには，〈自分とのつ
ながり〉から始める必要がある。

　「あなたはひとりじゃない」けれど，「あなたは
ひとりでもいい」のである。

▶追記
　文中のエピソードは，典型例をもとにした架空事例である。

［特集］これからの時代を生きる高校生・大学生の処方箋

心と体をいたわろう
リストカット・オーバードーズ・セルフネグレクト

勝又陽太郎 Yotaro Katsumata
東京都立大学人文社会学部人間社会学科

Ⅰ　「心と体をいたわる」を単なるスローガンにしない

　「もっと自分をいたわろう」——本稿の主題となるリストカットやオーバードーズ（過量服薬）など，自分で自分を傷つける行動を繰り返す高校生や大学生を目の前にして，周囲の大人がつい口に出してしまいそうな言葉である。もちろん筆者もそうした言葉が思い浮かぶ者の一人であり，対人援助の専門家であっても決して例外ではない。できることならば，彼ら／彼女らに自分を傷つけず，心と体をいたわって生きてほしいと思っている。

　しかし他方で，そうした言葉が彼ら／彼女らの心に響きづらく，大人の願望を表明するだけの空虚なものであることもまたよく知っている。そればかりか，時として彼ら／彼女らを傷つけ，大人に対する不信感を抱かせるものにもなり得る。なぜなら，後述するように，彼ら／彼女らにとって自分を傷つける行動はまさに「自分を守る行動」の一つになっている場合があり，「もっと自分をいたわろう」などと言ってくる大人は，社会の価値観を一方的に押し付けてくる無理解な大人に見えてしまうからである。

　本稿では，「心と体をいたわる」を単なるスローガンや精神論として高校生や大学生に伝える代わりに，彼ら／彼女らの「心と体をいたわる」行動の増加につながるような，周囲の大人の実践的な関わり方について解説を試みる。

Ⅱ　自傷行為の理解——体を傷つけて心を守る

　まずは，リストカットやオーバードーズといった自分で自分を傷つける行動（以下，本稿では自傷行為と呼ぶ）がなぜ生じるのか，その背景をどう理解したらよいのかといったところから話を始めることにしたい。

　英国の青少年（日本の高校1年生に該当）を対象に実施された大規模な学校調査において，自傷行為の動機として最も多く選択されたものは「つらい感情から解放されたかった」（リストカットを中心とした自己切傷経験者の73.3%，過量服薬経験者の72.6%）であることが報告されている（Hawton et al., 2006）。このように，自傷行為は自殺企図と一線を画す行動であり，その多くは不快感情への対処として行われるものであると考えられている。他方，自傷行為は「相手を振り回すために行っている」などといった言葉を目にすることもあるが，実はそうした動機から行われる

ケースは少数であり，むしろ他の人に見つからないよう隠れて行為に及ぶ者の方が多いことも知られている。実際，先に述べた調査においても，「周囲の注意を引きたかった」を選択した者は，自己切傷経験者の21.7%，過量服薬経験者の28.8%であり，全体の中でも低い割合に留まっている（Hawton et al., 2006）。こうした実態を踏まえ，自傷行為は不快感情を緩和するための「孤独な対処方法」であると理解することが，現在では最もシンプルかつ妥当であると考えられている。ただし，自傷行為は横断的に見るとたしかに自殺企図とは異なる行動ではあるものの，過去の自傷行為経験は将来の自殺企図のリスクを高める要因でもある。したがって，自傷行為の支援に際しては常に自殺リスクにも注意を向けておく必要があることは言うまでもない。

　では，なぜ自傷行為によって不快感情の緩和がもたらされるのだろうか。この点については，内因性オピオイド仮説と呼ばれる神経生物学的観点からの説明がなされており，自傷行為によって脳内麻薬様の物質（エンケファリンやβ－エンドルフィンなど）が血中に分泌され，無感覚・麻痺の状態が引き起こされることで，一時的に不快感情が緩和されるというメカニズムが提案されている（松本，2014）。非常に雑な説明で恐縮だが，大人が一人でお酒を飲んでつらい気持ちを和らげる，それと同じような状態をリストカットでも生じさせることができるとでもいえば少しは想像していただきやすいだろうか。自傷行為には，そんなふうに自分の体を傷つけることで一時的な心の安定を取り戻す「治療効果」があるといえる。

　もっとも，こうしたメカニズムがすべての自傷行為に当てはまるわけではなく（松本，2014），自傷行為の中にもさまざまな状態像が混在していることが明らかにされている（飯島ほか，2021）。近年ではこうした自傷行為の多様な状態像を，行動科学的観点から機能的に（どのように役に立っているのかといった観点から）理解しようとする研究が行われており，日本の大学生・専門学校生を対象に行われた調査からは，自己保全機能（自律性を確保しつつ他者との境界線を引くことで自己同一性を保つ），苦痛対処機能（心理的苦痛の具体化や感情調節を行ったりしながら自殺を回避する），対人要求機能（苦痛を他者に知ってもらったり，他者を操作したり，他者に不満などを表出する）といった3つの要素で自傷行為の機能を整理できることが示されている（飯島ほか，2021）。また，これら3つの機能のうち，先の議論でも示したような苦痛対処機能が自傷行為の最も基本的な機能であるとされており，そこに自己保全機能と対人要求機能が二次的に重複していく形で自傷行為の状態像が複雑になり，自殺リスクや精神症状の程度も深刻になっていくことが併せて示唆されている（飯島ほか，2021）。実際，松本（2014）は，先の内因性オピオイド仮説によって説明できる自傷行為がとりわけ幼少期に虐待などの被害にあった習慣性自傷者においてよく見られることを指摘した上で，そうした過酷な生育環境下で生じた自傷行為が上記3つの機能を併せ持つようにエスカレートしていき，最終的にいずれの機能も不全状態に陥ることで深刻な自殺企図が生じる場合があることを報告している。

III　支援の目標設定と関わり方の工夫

　これまでの議論を踏まえると，自傷行為を行っている人に対する支援では，自傷行為の代わりに自己保全，苦痛対処，対人要求という3つの機能を担ってくれるような，別の対処方法を身につけていってもらうことが目標になるとおわかりいただけるのではないだろうか。つまり，自傷行為をさまざまな困難を軽減する対処行動であると理解した上で，それらを単に減らしたりなくしたりする（ゼロにする）ことを目標にするのではなく，よりメリットが大きくデメリットの小さい対処行動のバリエーションを増やしていく——すでに存在する対処行動から引き算するのではなく，新しい対処行動を足し算していく——ことを目標に据えることが重要である。

では，具体的にどのように支援を進めていけばよいだろうか。すでに述べたように，自己保全，苦痛対処，対人要求といった3つの機能のうち，自傷行為の最も基本的な機能とされているのは苦痛対処機能であり，自己保全や対人要求といった機能に比べて，比較的容易に自傷行為の代わりとなる方法を見出しやすい。そのため，自傷行為以外の方法で感情的な苦痛に対処するスキルを模索していくことが，差し当たって支援の第一段階として有用であると思われる。

感情的な苦痛に対処するためのスキルは多岐にわたっており，一般的なテキストでもすでにさまざまな方法が紹介されている。たとえば，自分の体に自傷行為よりも安全な方法で刺激を与える刺激的置換スキル（手首に輪ゴムを巻いてはじく，香水のにおいをかぐ，大声で叫ぶなど）や，自分の心を落ち着かせるような鎮静的置換スキル（リラクセーションのための呼吸法を実践するなど）といったものがその代表例として挙げられる。ただし，筆者の経験では，これらのスキル獲得のための練習を日常的に続けることは容易ではなく，教科書に出てくるような方法は当事者たちのウケが案外悪かったりもする。むしろこうした教科書的な方法にとらわれすぎずに，彼ら／彼女らの個別の経験や価値観などを踏まえながら，当人が日常的に続けやすいものを探索していくことの方が重要であると感じている（例：絵を描く，運動する，料理を作る，ペットのにおいをかぐなど）。また，こうした対処スキルを考える際に，高校生や大学生はどうしても即時的に気分をポジティブな方向に変化させるような方法ばかりを求めがちになるが，むしろ気分低下の悪循環を防ぐことを念頭に置いた対処方法の模索が役に立つ場合も多い（例：次の日の朝にさらにテンションが下がらないようにメイクを落としてから寝るなど）。

ところで，筆者自身は日ごろの支援において，これまで述べてきたような個人で対処するさまざまなスキルを身につけることに加えて，信頼できる人に自分の気持ちを正直に話して感情的な苦痛に対処できるようになることを重要な目標として位置づけている。先に述べたように，自傷行為は孤独な対処方法の一つであるが，それには当事者たちが身近な大人たちに相談したり気持ちを伝えたりすることが苦手であることも大きく影響している。もっとも，そうした苦手さの背景もまた多様であり，生まれもった言語運用能力に困難を抱えている者や，劣悪な養育環境下でコミュニケーションの機会を十分提供されなかった者もいれば，なかには自傷行為で苦痛に対処し続けた結果として自らの感情を語る言葉が退化してしまった者も少なくない。いずれにせよ，自傷行為が続く背景には，身近にいる重要な他者との間で対話による苦痛への対処が行われづらいといった問題があり，それゆえに自傷行為の対人要求機能も促進されてしまいやすくなっている可能性がある。そのため，身近な他者とのコミュニケーションを通して苦痛に対処するスキルを身につけていくことは，自傷行為の悪循環を断ち切るためにも必要不可欠なものであると考えている。

その意味では，実は先に述べたような感情的な苦痛への対処方法を当事者自身が個々に練習して身につけていくだけでなく，支援者が当事者と共に模索していく（共同研究する）プロセスこそが有用であるともいえる。もちろん，具体的な対処方法のバリエーションが増えれば当事者を助けることにはなるのだが，筆者自身の経験では，結果的にそれほど新たな対処方法のバリエーションが増えなかったとしても，それぞれの対処方法にはどんなメリットとデメリットがあって，どんなふうに組み合わせたらいいと思うか，そして考えた対処方法を実際に試してみてどうだったかなど，対処方法に関する対話を行う習慣を作ることそのものが，他者と感情を共有する中で苦痛に対処していく練習の場として機能するようにも感じている。

Ⅳ　最初の出会いが肝心

自分で自分を傷つけている高校生や大学生から，対処行動について共同研究を行うことのでき

る良きパートナーとみなしてもらうためには，最初の出会いの場面での支援者の振る舞いが肝心である。

　まずは，「自傷行為をやめなさい」や「自分の体を大切にしなさい」といったお説教は厳禁である。本稿の冒頭でも述べたように，筆者自身も自傷行為をやめた方がいいと思っているし，自分の体を大切にしてほしいと思っている。しかし，こうした言葉は，いずれも大人の側が守らなければいけないと考えている「社会のルール」を基準に発せられるものであり，それをそのまま彼ら／彼女らに投げかけたとしても，良い関係の構築には何ら寄与しない。そもそもこれまで述べてきたように，当事者自身にとっても自分を傷つける行動は，困難な日常を生き抜くためのやむにやまれぬ対処行動なのであり，やめられるものならやめたいと思っていることも少なくない。その意味でも，大人側の一方的な想いを伝えることは，当事者をかえって窮地に追い込むことにもなりかねないのである。

　したがって，最初の出会いの場面では，そうした大人社会のルールを一旦脇において，自傷行為について自分に話してくれたことをねぎらった上で，自分が心配していることを伝えてほしいと思う。ただし，このねぎらいや心配を伝える際には，自傷行為の持つ対人要求機能を過剰に促進させないよう，感情的な反応を抑制し，控えめな態度で「話してくれてよかった」と伝えることが求められる。

　一方で，一旦自分の味方になってくれる大人であると判断すると，彼ら／彼女らは支援者との心理的距離を急速に縮めてこようともするため，当事者との近い距離感に戸惑う人もいるかもしれない。そうした事態に備えて，たとえばゆっくりと時間をかけて関係を続けていきたいと思っていることや，自分が話を聞けない時のために味方を増やしていく必要があることを出会いの初期段階から伝えておくと，彼ら／彼女らの見捨てられ不安を増幅させすぎない形で関係を構築しやすくなる。

　もっとも，そうした話をしたとしても，「誰にも言わないでほしい」といったことを言われて困ってしまうこともあるだろう。しかし，そのような場合であっても，「なぜ話をしてほしくないのか」「誰だったら話せそうか」「どんなふうに話したら大丈夫そうか」など，いろいろな角度から粘り強く交渉した上で，「これからもできるだけあなたと話し合って決めたいと思っているけれど，命にかかわることなので，どうしてもマズいと判断したときには，悪いけれど私の判断で他の人に話をさせてもらうことがある」といった具合に，最終的な判断のグリップをこちらが握っておくことが重要である。このことは，もちろん自殺の危機対応の観点からも重要である。しかしそれと同時に，こうした話し合いのプロセスを重ねること自体が，支援者自身の限界を示しながらも，なんとか彼ら／彼女らの手助けをしたいという支援者側の積極的な姿勢を示すことにもなるため，結果的に互いを尊重した良い距離感でパートナーシップを構築することに寄与するように思う。

Ⅴ　「他者からの影響」や「他者に対する影響」を最小限に抑える

　自分を傷つける行動に関する処方箋として，とりわけ高校生や大学生といった若い年代の人にとってもう一つ重要になるものが，自傷行為の伝染（contagion）を防止することである。これまで述べてきた通り，自傷行為にまつわる相談を支援者にしてもらうことは大変重要であるが，友人同士や自傷をしている者同士で傷や手段について話をすることは，伝染や再発のリスクを高めてしまうため，基本的には友人同士で傷の話をしないことや傷を隠すことをルールとして伝えつつ，その方法についても支援者と一緒に考えておくことが求められる。また，特に近年ではインターネットやSNSで自傷行為の情報に触れる機会も多いため，その利用方法についても話し合うことが必要である。もちろん，その場合にも，単に危ないから禁止するということではなく，たとえば彼ら

／彼女らが友達想いの行動をしたことを話題として取り上げつつ，友達を大事にするために自分がどう振る舞ったらよいのか，また精神的に不安定な状態のときにSNSを見る以外の時間をどうやって増やしていくかといったことについて話し合っていく中で，一緒に具体的な方法を見出していけるといいだろう。

VI　困りごとの本体に目を向ける

最後に，本稿のもう一つの主題であったセルフネグレクトに触れつつ，これまでの議論の総括を行っていきたい。

セルフネグレクトは，自己放任などとも訳されるように，自分自身の健康や生活環境などに関するニーズを満たすことなく，必要なケアが不足している状態を意味している。どのような行為や状態をセルフネグレクトと呼ぶかについてはさまざまな定義が示されているが，先行研究を見る限りでは，特に高齢者の医療拒否や不衛生な生活，あるいは社会的な孤立状態などを指す場合が多い。

こうした高齢者と同様のセルフネグレクトが若年層においても認められる場合ももちろんあるが，高校生や大学生の場合には，むしろ「故意に自分の健康を害する症候群（Deliberate Self-Harm：以下，DSH）」といった概念と類似したものとしてとらえる方が支援を進めるうえで有用かもしれない。松本（2009）が整理したDSH概念には，本稿でこれまで論じてきた自傷行為に加えて，物質乱用や摂食障害，暴力・危険行為や性非行などが含まれており，これらの共通項として「つらいときに『つらい』と誰かに伝えないこと，誰にも助けを求めないこと」があると説明されている。つまり，自分の心と体を大切にしないことの本質は，困りごとやつらいことがあるにもかかわらず，誰にも頼らないで一人で頑張っていること（孤独な対処）にあると考えられる。そうであるならば，単に「自分を大切にしなさい」と伝えることは，すでに精一杯頑張っている人を「一人でもっと頑張りなさい」と突き放すメッセージとなりはしないだろうか。また，「自傷行為をやめなさい」という言葉も，その人の孤独な頑張りを否定することになってしまうだろう。あるいは場合によっては，周りから支援を提供されることすら，当事者にとっては自分の頑張りを否定されたと感じられるかもしれない。おそらく支援者に求められていることは，目に見える「問題行動」にのみ着目するのではなく，当事者がどんな困りごとを抱えていて，いったい何に対して自分一人で頑張ろうとしているのかに目を向け，これまでの努力をねぎらい，できれば今後も頑張りつづけるために，別の選択肢を見いだす手助けすることではないだろうか。また，そうした関わりの先に目指す将来像は，自分を傷つける行動を単になくすこと／なかったことにすることではなく，自分を傷つけていた経験をも含めて自分を大切にできるようになるということではないだろうか。

▶ 文献

Hawton K, Rodham K & Evans E（2006）By Their Own Young Hand：Deliberate Self-Harm and Suicide Ideas in Adolescents. London：Jessica Kingsley Publishers.（松本俊彦，河西千秋 監訳（2008）自傷と自殺―思春期における予防と介入の手引き. 金剛出版）

飯島有哉，上村碧，桂川泰典，嶋田洋徳（2021）日本語版 Inventory of Statements About Self-injury の開発と機能に基づく青年期における自傷行為の分類. Journal of Health Psychology Research 33-2；103-114.

松本俊彦（2009）自傷行為の理解と援助―「故意に自分の健康を害する」若者たち. 日本評論社.

松本俊彦（2014）自傷・自殺する子どもたち. 合同出版.

🐢 [特集] これからの時代を生きる高校生・大学生の処方箋

発達障害の大学生が教えてくれること

吉村麻奈美 Manami Yoshimura

津田塾大学

筆者は女子大学にて学生相談に携わっている。発達障害の学生との関わりは，その重要な一部である。なお，本稿では発達障害という言葉を用いるが，主に ASD と ADHD の学生をイメージしながら書いていく。なぜなら，大学の現場で出会う障害は，この 2 つが圧倒的に多いからである。

I　困りごと概観

大学に入学する発達障害の学生は年々増加している。日本学生支援機構（2022）によれば，2021年度の発達障害の大学生数は 8,698 人で，障害学生の 21.3% を占める（障害学生の大学在籍数は平均 0.65%）。認識がなく診断に至っていない人などを合わせれば，さらに増えるだろう。

では，発達障害の大学生は，どのように困っているのか。個別に見ればまちまちであるが，大きく見れば，その背景には大学という場の特殊性と，青年期的要素とが絡まり合っている。

学生生活を入学期，中間期，卒業期に大別し，それぞれの時期に ASD の学生が困ることの代表例を挙げてみる。入学期には，時間割を詰めすぎてしまう，教室変更に対応できない，集団に入れないなど，さまざまな困りごとが降り積もる。新奇場面が苦手なことも多いため，大学という場自体がストレス因となるかもしれない。なにしろ大学とは，教室も教員も課題もバラバラで，主体的に活動せねばならない自由な場ゆえ，ASD との相性はあまり良くない。中間期には慣れてきて落ち着く人もいれば，レポートが書けない，人と関われないなど，困難が増す場合もある。そして卒業期には，就職活動の難航，卒論が書けないという大波が到来する。女子学生の場合受身の人が多く，苦悩を周囲に伝えられないまま，身体的不調が突如現れることが，より多い印象がある。

また，彼らは青年期である。大学とは，人生のうちのほんのひとときを過ごす場所に過ぎないが，大人へと羽化する，自己を表現し自分らしさを探求する時期でもある。求められる言語能力は高度になり，自分らしさは見えにくい。発達障害の学生にとって，大学在学中に自己理解が進むプロセスは，緩やかかもしれないが，険しさも伴うものである。しかし，「自分は人と違う，ダメ人間だ」と闇雲に自尊心を下げている状態から，「他者とどこが違っていて，どう工夫すれば良いか」を実装できるようになることは一つの成果であり，学生相談はそれをともに考えていく場所の一つである。

筆者が関わってきた学生のうち，発達障害傾向

が強く，困りごとが多かった人たちを思い浮かべてみると，極めて真面目で頭脳明晰な印象がありながら，留年を繰り返し，自信を持てないでいる人が多い。近年は障害が入学前に判明していて，親を伴い事前相談にくる学生も増えているが，大学入学後に傾向に気づき始める例も依然多い。そしてそのどちらの支援がスムーズなのかは，単純には言い切れないものがある。

Ⅱ　関わり方概観

今，筆者が発達障害の大学生にどのように関わっているかというと，まずはこちらが「理解者」になるための努力をする。これが第一の目標であり最終目標だ。ただし，相手の話がうまく想像できないことも頻繁にある。しかし，うまく理解できないときというのは，大概はこちらの伝え方や質問が適切でなく，視点に不足があるときだ。適切な質問ができれば，相手を理解できる瞬間が生まれる。小さなピースがつながるようなその一瞬には，なんともいえない喜びがある。そしてそのような瞬間の繰り返しが，学生本人の自己理解にもつながっていく。だから我々は，その腕を磨かなければならない。実は，このプロセスは障害の有無にかかわらないものだが，発達障害の場合，さまざまな事象間でのつながらない点と点が多いため，特に丁寧におこなう必要がある。またこの「理解」には，障害特性のみならず感情も含まれる。彼らにとっては問題に付随する感情の調整こそが難しく，発達障害支援は指示的関わりばかりではないことを，毛利（2019）も，感情共有的支援の重要性を示しながら述べている。

そのようなわけで簡単にはいかないが，われわれ支援者が「理解者」になることができれば，彼らは力が出しやすくなる。数年かけてやっと理解者になれたような気がしている人もいるが，学生本人が筆者のことをそう思ってくれているかはわからない。そういったズレへの懸念は，発達障害の学生に対して特に多く生じる。このズレを意識し，慎重に埋めようとすることもまた，点と点

をつなぐ作業であるだろう。これはどんな相手とも本来はたゆまず為すべきことであり，臨床家にとって必要な鍛錬であるだろう。

Ⅲ　Ａさんの例から
──相談の位置付けに関する気づき

本稿を書くにあたり，そこに「教えてくれること」がある気がして，かつての学生とともに，当時のことと今わかること，本人の思いと筆者の印象を照合する試みをしたいと考えた。一人の卒業生，Ａさんが頭に浮かんだ。Ａさんは，2年休学し，卒業まで8年かかった人である。学生相談の利用は2期に分かれていて，筆者は休学を挟んで大学に戻ってきた年から担当することとなった。前年にASDとADHDの診断を受け，再来時には発達障害という観点からの自己理解が進み始めていた。主訴は学業のことだったが，最初にＡさんから寄せられた申し出は，「私のトリセツ」を作りたい，というものだ。テキストを読むときにフォントの違いに引っかかり集中できないことに言及しながら，「こんなのおかしいですよね」と堰を切ったように泣き出すこともあった。自己理解を進めることとは，「わたしがどのように困ってきたか」の整理でありながらも，「他の人と違うおかしなわたし」との直面化の連続で，自己を揺さぶられるものなのだろうと肌で感じた。それから2年をかけ，Ａさんは卒業論文を書き，卒業していった。

インタビューをさせて欲しいとお願いしたところ，Ａさんは快く応じてくれた。大学生時代の印象を聞くと，彼女は「今まで経験した人生の中で一番調子が悪かった」と答えた。特に休学時と卒業前の2年が辛く，思い描いていた大学生活とは全く違っていたという。筆者と話していた2年もその渦中だったわけだが，筆者がどのような存在だったのか訊くと，Ａさんにとって学生相談は「自分を振り返る場」だったそうだ。定期的に出来事や気持ちを整理する場であり，話すことで，自分の状態と，どう過ごしていけばいいのかが見えて

くる。筆者は自己理解支援を担ってきたと思っていたが，Ａさんにとっては自己理解を進める前提を提供するものでもあった。

当時，Ａさんから話の仕方について提案が出たことがあった。冒頭でその日話したいことの数と内容を共有してから，話に入りたいという。最初に全体構造を互いが把握する，というわけだ。この「型」を作ることは奏功し，時間をうまく使える感覚がＡさんに生じていった。筆者はなぜこの型が生まれたのか気になっていたため，今回訊いてみた。すると，まだ話したいことがあるのに終わってしまう不全感と，英語の授業で学んだ手法が結びつき，思いついたのだという。この型を長らく続けたため，別の場面でも話の優先順位をつけられるようになったそうだ。「まあいいか」と放っておくことができない性質は時に苦しみを呼び込むが，このように課題を解決する道筋を生むこともある。融通のきかなさを和らげる方向性だけが是でもない，と気づかされた。

Ⅳ　Ａさんの例から──ズレを埋める

さて，Ａさんにとって，卒業論文はエベレストの如く立ちはだかる山であった。筆者の勤務校では「書く」ことを重視しており，それゆえ「書く」ことでつまずき続ける発達障害の学生は多い。また，その実態はさまざまである。

最初の指導教員は，Ａさんの発言が的確であり能力も十分と感じていたことから，彼女の困りごとを理解できなかった。Ａさんに限らず，口頭では説明できるが「今話したことを書けばいい」と言われても書けない人は一定数いる。Ａさんの場合，エッセイは書けるが，レポートとなると書きづらくなるようだった。

あるとき，Ａさんが書いたメールを読む機会があった。長すぎず短すぎず，的を射た好い文章だった。そのことを伝えると，書くのにとても時間がかかり，疲れたという。おそらく彼女に対

し，「書けているから大丈夫」と言ってしまうのは酷なことだ。書き出すまでに相当なハードルがあり，周囲はまずそれを理解する必要がある。Ａさんにとってはきまりを守るということが１つの枷となっていて，「試しに書いてみる」ということがとても難しい。２人目の指導教員へ，いかに辛いかを母親から代弁してもらったこともあるそうだ。Ａさんのみならず，多くの発達障害の学生は「私の苦しみがちゃんと伝わらない」という落胆を繰り返し体験している。教員とてサボりとは思っていないわけだが，Ａさんもそれは理解している一方で，書き出せない困難が伝わらないことにしばらく苦しんでいた。

その後Ａさんは，指導教員がこまめに連絡をとったことも奏功し，関心のあるテーマで，見事な卒論を書き上げた。反省点はあるものの，書けてよかったと感じているそうだ。久しぶりにＡさんと話し，改めて彼女が卒論を書き上げたことへの賞賛の思いがこみ上げる。その一方で，インタビューの最中に，当時うまく聞き出せなかった彼女の「書けない苦しみ」に関する新たな気づきもあり，またもや自分の力不足を反省した。

人を理解することは難しいが，この仕事における永遠の課題でもある。ズレへの懸念，そしてそれを埋めるための丁寧なコミュニケーションをする努力を，そのための経験と勘所を，私は発達障害の学生さんたちから，たえず教わり続けている。おそらくこれからも，ずっとそうであるだろう。

力を貸してくれたＡさんに，心より感謝申し上げます。

▶文献

毛利眞紀（2019）自閉スペクトラム症を持つ学生の卒業期の葛藤と感情共有的支援を通した変容．学生相談研究40；1-11.

日本学生支援機構（2022）令和3年度（2021年度）大学，短期大学及び高等専門学校における障害のある学生の修学支援に関する実態調査結果報告書．

[特集] これからの時代を生きる高校生・大学生の処方箋

彼／彼女たちのリアリティ

インターネット・SNS のある日常

青山郁子 Ikuko Aoyama

都留文科大学国際教育学科

I　オンラインのコミュニケーションのむずかしさ

インターネットやスマートフォン（以下，スマホ）は現代の高校生・大学生にとってもなくてはならないもので，SNS を通じたコミュニケーションがなければ友人関係の維持が難しくなることは言うまでもありません。しかし，メールやテキスト上でのメッセージ内容が意図したものと違う形で相手に解釈されてしまったという経験をお持ちの方はいらっしゃらないでしょうか？　もちろん対面式のコミュニケーションでも誤解が起きることはありますが，オンライン上でのコミュニケーションは，相手の表情や声のトーンなど他者理解のための直接的な手がかりが少ない文字ベースでのやり取りなので，誤解が生じやすいということが特徴としてあげられます。

また仲のいい友人たちと日常的に SNS でコミュニケーションをしていると，そこが閉じられた空間であるかのように錯覚してしまい，インターネット上に公開された写真や動画は世界中の誰もが見ることができるという事実を忘れがちです。飲食店でのアルバイト学生や客の不衛生な悪ふざけ写真や動画は，仲間内に向けられたものであっても，たちまち拡散・炎上して数時間以内に

生徒たちが着ている制服・ジャージなどから学校・個人が特定されます。そして学校に大量の電話がかかってきて校内の業務が麻痺します。加害者本人だけでなく，自宅やその親の職場などもあっという間に特定されて，引っ越しを余儀なくされてしまうこともあります。その後も推薦入学などの進学，将来の就職，結婚にまで大きな影響が出る可能性もあります。インターネット上に一度あげてしまったものは投稿者が削除しても，第三者によりコピー・転送が繰り返されて完全に回収し消すことはできません。このことから一生消えない「デジタルタトゥー」と言われています。仲間うちで見せるつもりの冗談半分の写真や動画・書き込みで，人生が台無しになってしまうこともありえるのです。

さらに，そのような投稿には大量の誹謗中傷が匿名で寄せられます。コミュニケーション学の分野では，1980 年代からさまざまな研究により，オンライン上での「脱抑制効果」が指摘されています。例えば，対面でのコミュニケーションの際に強い言葉で相手に言いすぎてしまったとしたら，相手の傷付く顔を見ることでハッとしたり，周囲からの批判的な視線で自分の言動を振り返ることができるものです。しかし，匿名性の高いオ

ンライン上でのコミュニケーションではそういった社会的抑止になるものが可視化されないために，攻撃的行動が増長されやすいということが明らかになっています（e.g., Joinson, 1998 ; Mason, 2008）。

　そして，自分が属するネット上のコミュニティで数名が特定の人を繰り返し誹謗・中傷しているのを目にすると，それが数名であっても「みんながやっている」と錯覚してしまいます。また「みんながやっているから悪いことではない」「みんながやっているのだから，叩かれる人が悪い」といった歪んだ認知が簡単に形成されてしまいます。実際には誹謗・中傷といった加害行為に直接加担をしない数多くの傍観者も，最初は違和感を抱きながらも「これが普通のことなのだ」という感覚に陥ってしまいます。

　そのほか，ソーシャルメディア利用のスコアが高い人は，うつ病，孤独感，逃避，睡眠の質の低下が報告されています（Fernandes et al., 2020）。また SNS 利用がボディイメージの乱れや自尊心の低さと関連した別の研究では，若年層（14〜24歳）において，Instagram の利用頻度と身体への不満，やせ願望，自尊心の低さとの間に，統計的に有意な関係を明らかにしました。特に，Instagram の外見重視のアカウントをフォローしていることは，痩せ願望の高さを有意に予測していることが明らかにされ，思春期・若年層の女性の痩せ欲求や摂食障害リスクの増加につながっている可能性を示唆しています（Vall-Roqué et al., 2021）。

II　インターネット・SNS の利点

　このように若者のインターネット利用，SNS 利用が語られる際には，ネガティブな情報が多く，大人たちを不安にさせます。子ども時代に日常的にインターネットを使ってこなかった世代では，なるべく若者をネットの世界から遠ざけようとします。一方で，インターネットの負の側面が過度に強調されすぎているのも事実です。例えば，

ゲーミフィケーションを活用した教育についての研究事例や学習効果が多数報告されているにもかかわらず，一般的にはゲームは学習に有害であるという思い込みもまだまだ多いのではないでしょうか？

　したがって，若者のインターネット・SNS 利用に関して，ポジティブな側面も言及しなければいけません。インターネット利用の最大の利点は，「視野を広げる源」というもので，これは若者だけでなく私たち大人も大きな恩恵を受けていると言えるでしょう。例えば，現実社会ではなかなか出会うことがないさまざまな文化背景を持つ他者との出会いは，多様性や違いへの許容・尊敬を学ぶ機会になり，より大きな集団の幸福に貢献するための前段階であると考えられると指摘されています（Jones & Mitchell, 2016）。

　また以前はオフラインでしかできなかった行為が，オンラインで劇的に低いコストで追求できるようになり，参加のレパートリーを再活性化させることができるのもインターネットの利点の一つです。例えば，アメリカで始まった署名サイトのChange.org は，「世界中のどこにいてもオンライン署名を立ち上げ，賛同を集め，デシジョンメーカー（変化を実現することができる権限を持つ人）に働きかける」ことができるプラットフォームです。日本国内でも利用者は増えており，高校生や大学生が起案した課題が実際に行政を動かした事例も報告されています。例えば，東京江戸川区在住のトランスジェンダーの高校生が，「制服を選択制にしてほしい」と，オンライン署名を立ち上げ，集まった1万人以上の署名を，江戸川区長に提出した結果，区内の学校で，男女別に分けられていた制服を選べるようになりました（朝日新聞デジタル，2020）（Change.org「江戸川区の制服を選択制にしてください！」(https://chng.it/srPNjyLLVz [2023年2月28日閲覧]））。これをきっかけに他の地域でも同様の議論が起こり，全国的に制服の選択制は徐々に広まりをみせています。10代20代の選挙の投票率が低いこと

から若者は政治や社会問題に関心が低いと言われがちですが，「投票してもどうせ変わらない」という気持ちから「何かできるかもしれない」「声が届くかもしれない」という思いが生まれるようになったきっかけが，インターネット上のプラットフォームであったのではないでしょうか。日本の高校生の自己肯定感が OECD 諸国に比べて顕著に低く，7割が「自分はダメな人間だ」と感じているという報告は大きな波紋を呼びました（国立青少年教育振興機構，2015）。小さな一歩からでも何か行動することで，変化のきっかけを感じる成功体験を積み重ね，自己を肯定できるようなツールにインターネットはなりうるのではないかと感じています。

　そして，インターネット利用による学習経験機会の広がりも現代の若者が享受できる幸せと言えるでしょう。個人の教育者や学習者によって制作された数百万本の教育用ビデオへのアクセスを提供する YouTube EDU，欧米の有名大学など世界の教育機関が提供する講義動画を提供している COURSERA などを利用することによって，学びのスピードも量も質も劇的に変化しています。

III　インターネット・SNS との付き合い方 ──デジタル・シティズンシップ

　しかしながら，インターネット上の膨大な情報量から信頼のできる，正しい情報にアクセスできるようになるにはスキルが必要です。私たちの日々の活動の多くがインターネットに繋がっている現代社会において，インターネットとの正しい付き合い方，誤情報に惑わされず，賢く責任のある使い方を学ぶことは必須です。従来のメディアリテラシー教育では，ネット利用の危険性を強調してきた傾向がありますが，昨今は「デジタル・シティズンシップ」(注) という考え方が広がりつつあります。

　従来のシティズンシップの概念は，コミュニティ活動への参加，コミュニティや社会の問題の改善への取り組み，社会的不正への対処など，さまざまな市民的行動を含んでいました。同様に，デジタル・シティズンシップでも，オンラインでのコミュニティ参加において，青少年が活動・活躍できるよう大人たちは機会を提供し支援することが今後求められる新しい教育であると考えられています。従来の対面での対人関係構築に青少年の社会スキルが大切であるように，オンライン社会での青少年のアイデンティティ形成プロセスを理解し，ソーシャルスキルを身につけ実践できるようサポートする試みや効果検証が今後ますます重要になっていくことが予想されます。そのような中で，臨床や青少年支援に関わる私たち大人世代も柔軟な姿勢で新しく学び，変わっていかないといけないと痛感します。めまぐるしい変化が日々起きている現代社会において，懸命に生きている生徒や学生たちに適切に寄り添えるように，支援者としても成長して，共に乗り越えていきたいと感じています。

▶文献

朝日新聞デジタル（2020）「血へど吐く思い」でスカート履いた高校生　後輩のため（https://www.asahi.com/articles/ASN7N6JVLN7BUTIL037.html［2023 年 2 月 28 日閲覧］）.

Fernandes B, Biswas UN, Mansukhani RT et al.（2020）The impact of COVID-19 lockdown on internet use and escapism in adolescents. Revista de psicología clínica con niños y adolescentes 7-3 ; 59-65.

Joinson A（1998）Causes and implications of disinhibited behavior on the Internet. In : J Gackenbach（Ed）Psychology and the Internet : Intrapersonal, interpersonal, and Transpersonal Implications. Academic Press, pp.43-60.

注）「デジタル・シティズンシップ教育は，欧米を中心に2010 年代から普及したコンセプトです。それまでの利用制限・禁止を中心とした指導を転換し，テクノロジーのもつ積極的・社会的・道具的意義を認め，特に，オンライン・コミュニケーションによる安全な利用，シティズンシップとしての責任と尊重，自律と行動規範に基づく活用，多様性への寛容などが含まれ，子どもたちのデジタル生活を前提としたポジティブな教育のありかたとして注目されています」（日本デジタル・シティズンシップ教育研究会（https://www.jdice.org/?page_id=1489［2023 年 2 月 28 日閲覧］））。

Jones LM & Mitchell KJ（2016）Defining and measuring youth digital citizenship. New Media & Society 18-9；2063-2079. https://doi.org/10.1177/1461444815577797

国立青少年教育振興機構（2015）高校生の生活と意識に関する調査報告書──日本・米国・中国・韓国の比較（https://www.niye.go.jp/kenkyu_houkoku/contents/detail/i/98/［2023年2月28日閲覧］）.

Mason K（2008）Cyberbullying：A preliminary assessment for school personnel. Psychology in the Schools 45；323-348.

Vall-Roqué H, Andrés A & Saldaña C（2021）The impact of COVID-19 lockdown on social network sites use, body image disturbances and self-esteem among adolescent and young women. Progress in Neuro-Psychopharmacology and Biological Psychiatry 110；110293. https://doi.org/10.1016/j.pnpbp.2021.110293

[特集] これからの時代を生きる高校生・大学生の処方箋

知らされなかった者たちへ
社会保障制度の学習機会の不在とスティグマから権利性を考える

横山北斗 Hokuto Yokoyama

NPO法人 Social Change Agency

I　はじめに

「護られなかった人たちへ。どうか声を上げてください」

中山七里の小説『護られなかった者たちへ』の物語終盤，ある人物が語るセリフである。本作は，東日本大震災後の宮城県で起きた連続殺人事件の真相に迫る過程で，社会保障制度システムに"護られなかった者"たちの存在や行政の生活保護の水際作戦，扶養紹介における問題点を描いていく。

社会保障制度とは何か。憲法第25条にその答えがある。

条文には「すべて国民は，健康で文化的な最低限度の生活を営む権利を有する」「国は，すべての生活部面について，社会福祉，社会保障及び公衆衛生の向上及び増進に努めなければならない」とある。「健康で文化的な最低限度の生活を営む権利」は「生存権」と呼ばれ，その実現のために整備されたのが「社会保障制度」である。

今日に至るまで，さまざまな社会保障制度のメニューが整備されてきた。しかし，存在を知らなければ，制度を利用することができない。行使できる権利を知らずして自分が置かれている不条理な状況に対し"声をあげる"ことは容易ではない。申請主義を前提とした社会保障制度は，数多くの"知らされなかった者たち"を生み出している。

筆者はソーシャルワーカーとして生活上の困難を抱える個人と出会い，サポートをしてきた。本稿では，"知らされなかった者たち"であった高校生・大学生のエピソードを通して，社会保障制度について考えてみたい。

（なお，本稿に登場する高校生・大学生の事例は一部改変し個人を特定できないようにしていることをお断りしておきたい）

II　知らされなかった者たち

高校2年生のサトミは，脳梗塞を患い食事や排泄に介助が必要な祖母と小学校3年生の弟の世話をするヤングケアラーだ。両親は離婚，一緒に暮らすサトミの母親は朝晩仕事を掛け持ちしている。サトミの帰宅後の日課は，夕飯作り，祖母の食事介助，掃除，洗濯をすることだ。これでは受験勉強どころか，定期テストの勉強さえおぼつかない。サトミは大学に進学したいと願っていたが，家にお金がないことを理解していた。一家は日々生きていくだけで精一杯。サトミは自分の夢を胸の奥に封じ込め，半ば諦めていた。

大学2年生のジュンは，ひとりで自分を育ててくれた母をガンで亡くした。母が残してくれた幾許かの貯金，貸与型の奨学金，アルバイトの給料で卒業までのやりくりを算段していたが，ある日持病の心臓病の悪化によりアルバイト先で倒れ入院になった。医療費の負担に加え，医師からアルバイトを止められ収入が減り，生活に窮した。卒業して就職するまでの間，収入がなければ生活ができない。ジュンは絶望し，借金をするか退学するか考えあぐねていた。

高校1年生のユキの家では，母が父から暴言，殴る蹴るの暴力を受けていた。母は父に逆らうことはしなかった。父を止めようとするとユキにも暴力が及んだ。母と二人で逃げたかったが，誰にも話せなかった。誰かに話をしたら，もっと酷い暴力が母や自分に及ぶのではないかと恐怖を覚えていた。

彼ら彼女らが直面した状況に対する手立ては存在した。しかし，彼らはそれを知らなかったがために，家族のケアを担う役割から脱せず，経済的問題によって退学を悩み，家庭内の暴力を浴び続けた。

III　知らされなかった者たちを生み出す構造

国や自治体は社会保障制度の存在を市民に積極的に広報したり，必要としている人に届ける施策を行う義務を法的に負ってはいない。国は社会保障制度をセーフティーネットであると言うが，そうなり切れていない事実は，先に挙げた3名の高校生・大学生のエピソードからも明らかである。

現在の義務教育では社会保障制度の細かいメニューを学ぶ機会が乏しい。医療や年金に主眼を置く教科書の内容は10代にとっては縁遠いものとして感じられる。

学ぶ機会がないことは制度への誤解も生む。例えば，生活保護制度に関して聞かれる「若いと受けられない」「住む場所がないと受けられない」「働いていると受けられない」。これらは全て誤りだが，そのことを学習する機会がなければ，誤った

情報が制度利用を阻むブレーキとして作動してしまう。

スティグマの問題もある。「バイトしてるのに，生活保護を受けてるなんておかしくね？」。これは，ある男子高校生が同級生から向けられた言葉だ。誤った知識は，社会保障制度へのパブリック・スティグマを増幅させ，結果，個人が制度を利用する際にセルフスティグマを抱えやすくさせてしまう。

国や自治体による制度の利用申請をサポートする施策や制度を学ぶ機会が乏しいこと。スティグマの存在。これらが複雑に絡み合って，制度を利用できず困難に陥る若者たちが今日もどこかにいる。

IV　社会保障制度はどのように人の生活を支え，変え得るのか

社会保障制度は人の生活をどのように支え，変えるのだろうか。冒頭の3名のその後について触れておきたい。

前述した高校2年生のサトミは，その後，祖母の救急搬送をきっかけに，異変に気づいた教師とスクールソーシャルワーカーによって，介護保険制度サービスを利用，祖母のケアから解放された。そして，生活困窮者自立支援法に基づく学習支援事業により，大学生に勉強を教えてもらう機会を得た。2020年度に創設された高等教育の修学支援新制度によって，学費と生活費の給付を受け，現在は大学に進学して建築を学んでいる。

大学2年生のジュンは，その後，異変に気づいた大学教授の関わりによって，無料定額診療事業を行っている医療機関を利用し医療費負担を抑え，高等教育の修学支援新制度を利用，学費や生活費の支援を受け，卒業までを乗り切った。現在は理学療法士として働いている。

高校1年生のユキは，病院受診をした際に外来で異変に気づいた医師が医療ソーシャルワーカーにつなぎ，結果，母親と共に暴力から逃れるためのシェルターに身を寄せることになった。その後生活保護制度を利用し，母娘2人での生活再建に

至った。

　3名の高校生・大学生たち（とその家族）はみな，社会保障制度を知らなかったことで利用ができず，苦境に陥っていたが，偶然にも周りにいる大人が異変に気づき，社会保障制度を知らせ，利用に至った。

　しかし，この偶然がなかったら，3人はどうなっていたのだろうか。運よく周りに気付いてもらえたから良かったものの，気づいてもらえない若者はどうしたらいいのか。この問いについて考えるとき，公助である社会保障制度の利用申請のプロセスが自助頼みである矛盾に気づく。

Ⅴ　おわりに——知らされなかった者たちを生み出さないためにできること

　本稿では，3名の高校生・大学生のエピソードを通して社会保障制度の不備を指摘した。制度を知らないことは自己責任では決してない。国や自治体による制度を利用申請しやすくするための積極的施策が実施されていない，義務教育において社会保障制度を学ぶ機会に乏しい現状においては，誰しもが"知らされなかった者たち"である。本稿の最後に簡単ではあるが，知らされなかった者たちを生み出さないための提案を3点記したい。

1　義務教育における社会保障制度教育の充実／スティグマの軽減

　学習指導要領の改訂により，2022年4月より小中高において金融教育が導入され，さまざまな科目の中でお金について学ぶ機会が生じた。まずは金融教育に社会保障制度における経済支援制度を学ぶ機会を入れ込んでいくことが考えられる。

　社会保障制度の正しい知識は，制度を利用する他者への差別偏見の払拭に寄与する可能性がある。社会保障制度を利用する他者へのパブリック・スティグマを軽減することは，自身が制度を利用する際にセルフスティグマを抱えずに済むことにつながり，制度を単に「知っている状態」という利用準備性を高めることに寄与するだけでなく，

制度を利用するための心理的障壁が低い／ない状態にもなり得る。

2　国や自治体による社会保障制度の利用申請を容易にする施策

　社会保障制度の利用申請には，制度を知る，理解する，必要な書類を揃える，申請窓口に出向く，自分の状況を説明する，といったフローがあり，このフローごとにサポートする施策を国や自治体が実施する必要がある。この点については，筆者が代表を務める「ポスト申請主義を考える会」のウェブサイトで提案文書を公開しているので，ご関心をお持ちいただけたら参照されたい。

3　権利性の明確化

　社会保障制度は"施し"ではなく，この社会に生きる私たち一人ひとりが持つ"権利"であり，自分や大切な人を"護る"ために利用するものであるということを社会全体として明確にしていく必要がある。日弁連は，「『生活保護』という名称や『扶助』といった用語が，恩恵であるといった誤解や，生活保護だけは受けたくないといった偏見を生む原因となっています。法律の名称や用語を置き換えて，『権利』であることをわかりやすくします」と，生活保護制度の権利性を明確化することを提言している。

　以上の提案はどれも社会実装には時間がかかる。だからこそ，若者の周りにいる大人たち，支援者たちが社会保障制度についての知識を持ち，彼らの異変に気づき，制度を知らせ，その利用を促し，支える役割を果たすことも必要だろう。

　"知らされなかった者たち"を生み出さないために，私たちにできることは少なくはない。

▶文献
中山七里（2018）護られなかった者たちへ．NHK出版．
日弁連（2019）生活保護法改正要綱案（改訂版）（https://www.nichibenren.or.jp/library/ja/publication/booklet/data/190520_seikatsu_hosyo.pdf[2023年2月26日閲覧]）.

次号予告 『臨床心理学』第 23 巻第 4 号

「恥」は敵か？ 味方か？

生きづらさ・傷つきの根源

岩壁 茂 〔編〕

1 ― 恥・生きづらさ・傷つき

「恥」は敵か？ 味方か？ （立命館大学）岩壁 茂

2 ― 恥に近づく ―― 5 つのアプローチ

「細胞」は恥を構成する ―― 神経科学 （東北大学）杉浦元亮
「心」は恥を想起する ―― 感情心理学 （江戸川大学）薊理津子
「身体」は恥を記録する ―― 心身相関 （国際メンタルフィットネス研究所）花丘ちぐさ
「集団」は恥を彫琢する ―― グループ・ダイナミクス （九州大学）金子周平
「症状」は恥に起因する ―― 感情制御 （山梨大学）田中健史朗
コラム 1｜恥という現象 ―― 現象学的考察 （同志社大学）中村拓也

3 ― 恥に沈む・生きづらさから浮かぶ ―― 傷と修復

嫌いな自分……でも離れられない ―― 脱主体化・再主体化 （本郷の森診療所）岡野憲一郎
つながりたくて，認められたくて ―― 承認依存 （兵庫教育大学）上田勝久
自分を傷つけずにいられない ―― 恥ずかしさとセルフネグレクト （マインドフルネス心理臨床センター）小林亜希子
恥から社会をまなぶ ―― 発達障害と心理教育 （愛育クリニック）山口貴史
恥とプライドを調律する ―― アスリートのボディイメージ （国立スポーツ科学センター）関口邦子
コラム 2｜恥を超えて躰は踊る （お茶の水女子大学）山田美穂

4 ― 恥じるセラピスト？ ―― 傷つきからセルフケアへ

セラピストの失敗と恥 （和光大学）菅野 恵
「恥」と自己開示 ―― スーパービジョン （東洞院心理療法オフィス／太子道診療所）北村婦美
「恥ずべき自分」も抱きしめて ―― セルフコンパッション （関西学院大学）有光興記
コラム 3｜逃げるは恥？ ―― ポップカルチャースタディーズ （桃山商事）清田隆之
コラム 4｜恥を乗り越える（自由と解放を求めて） （九州大学）黒木俊秀

リレー連載

「臨床心理学・最新研究レポート シーズン 3」 （株式会社商船三井）割澤靖子
「主題と変奏 ―― 臨床便り」 （神戸大学）福田敦子・（大阪府立大学）紙野雪香・（千里金蘭大学）高橋清子

書評

村山正治＝著『私のカウンセラー修行』（誠信書房） （伊敷病院）神田橋條治
野島一彦＝監修『臨床心理学中事典』（遠見書房） （文教大学）岡村達也
勝又栄政＝著『親子は生きづらい ―― “トランスジェンダー” をめぐる家族の物語』（金剛出版） （名古屋大学）町田奈緒士
トム・アンデルセン＝著『トム・アンデルセン 会話哲学の軌跡
　　―― リフレクティング・チームからリフレクティング・プロセスへ』（金剛出版） （立正大学）安達映子

臨床心理学

Vol.23 No.2（通巻 134 号）[特集] 中井久夫と臨床心理学

ISSN 1346-0171

臨床心理学 **134**
第23巻第2号

Japanese Journal of Clinical Psychology

黒木俊秀[編] 岩井圭司・村澤和多里[編集幹事]

中井久夫と臨床心理学

1──追悼・中井久夫と臨床心理学
特集にあたって［村澤和多里・岩井圭司・黒木俊秀］
こころにとどく言葉と行為［村瀬嘉代子］
中井久夫先生を追想する［江口重幸］
［座談会］中井久夫の風景［村澤和多里・岩井圭司・黒木俊秀］

2──中井久夫と心理療法
中井久夫が臨床心理学に遺したもの──記号＝徴候論を超えて［森岡正芳］
統合失調症に対する心理療法的接近［横田正夫］
中井久夫とＨ・Ｓ・サリヴァン［阿部大樹］
現代に生きる中井久夫──あるいは楡林達夫［筒井亮太］

3──中井久夫と芸術療法
中井久夫先生からの「学び」と「教え」［高江洲義英］
中井久夫の絵画療法は，こうして風景構成法につながった［伊集院清一］
中井久夫と風景構成法［高石恭子］
中井久夫とイメージ療法，そして「サムゲタン宮廷風」のつくり方［田嶌誠一］

4──中井久夫とトラウマ臨床
中井久夫のトラウマ臨床に関するメモ［森 茂起］
中井久夫と発達精神病理学──『DSM-V 研究行動計画』(2008)の共訳作業を振り返る［黒木俊秀］

5──中井久夫を囲む
［座談会］私が面接で心がけてきたこと──精神科臨床と臨床心理学をめぐる考察
村瀬嘉代子・中井久夫・滝川一廣（前書き＝村瀬嘉代子／解題＝黒木俊秀）

ψ 金剛出版

1 追悼・中井久夫と臨床心理学
特集にあたって ………………………………………………… 村澤和多里・岩井圭司・黒木俊秀
こころにとどく言葉と行為 ……………………………………………………………… 村瀬嘉代子
中井久夫先生を追想する ………………………………………………………………… 江口重幸
［座談会］中井久夫の風景 ………………………………………… 村澤和多里・岩井圭司・黒木俊秀

2 中井久夫と心理療法
中井久夫が臨床心理学に遺したもの──記号＝徴候論を超えて …………………………… 森岡正芳
統合失調症に対する心理療法的接近 …………………………………………………… 横田正夫
中井久夫とＨ・Ｓ・サリヴァン ………………………………………………………… 阿部大樹
現代に生きる中井久夫──あるいは楡林達夫 …………………………………………… 筒井亮太

3 中井久夫と芸術療法
中井久夫先生からの「学び」と「教え」………………………………………………… 高江洲義英
中井久夫の絵画療法は，こうして風景構成法につながった ………………………………… 伊集院清一
中井久夫と風景構成法 …………………………………………………………………… 高石恭子
中井久夫とイメージ療法，そして「サムゲタン宮廷風」のつくり方 ……………………………… 田嶌誠一

4 中井久夫とトラウマ臨床
中井久夫のトラウマ臨床に関するメモ ………………………………………………………… 森 茂起
中井久夫と発達精神病理学──『DSM-V 研究行動計画』（2008）の共訳作業を振り返る
………………………………………………………………………………………… 黒木俊秀

5 中井久夫を囲む
［座談会］私が面接で心がけてきたこと──精神科臨床と臨床心理学をめぐる考察
……………………… 村瀬嘉代子・中井久夫・滝川一廣（前書き＝村瀬嘉代子／解題＝黒木俊秀）

★ 好評発売中 ★

Vol.18 No.4 〈特集 公認心理師のための職場地図〉
Vol.18 No.5 〈特集 加害と被害の関係性〉
Vol.18 No.6 〈特集 心理職も知らないと困る医療現場の常識〉
Vol.19 No.1 〈特集 生きづらさ・傷つき──変容・回復・成長〉
Vol.19 No.2 〈特集 CBT for psychosis──幻覚・妄想に対処する〉
Vol.19 No.3 〈特集 心理専門職必携 ピンチに学ぶスーパーヴィジョンガイド〉
Vol.19 No.4 〈特集 公認心理師のための法律入門〉
Vol.19 No.5 〈特集 オープンダイアローグ──心理職のために〉
Vol.19 No.6 〈特集 臨床にかかわる人たちの「書くこと」〉
Vol.20 No.1 〈特集 人はみな傷ついている──トラウマケア〉
Vol.20 No.2 〈特集 心身相関の心理臨床〉
Vol.20 No.3 〈特集 感情の科学──リサーチマップとアプローチガイド〉
Vol.20 No.4 〈特集 カウンセラーの「問う力・聴く力」〉
Vol.20 No.5 〈特集 児童虐待〉
Vol.20 No.6 〈特集 ひきこもり──就職氷河期からコロナウイルス時代を見据えた全世代型支援〉
Vol.21 No.1 〈特集 臨床心理アセスメント──プロフェッショナルの極意と技法〉
Vol.21 No.2 〈特集 アサーションをはじめよう──コミュニケーションの多元的世界へ〉
Vol.21 No.3 〈特集 問いからはじまる面接構造論──「枠」と「設定」へのまなざし〉
Vol.21 No.4 〈特集 トラウマ／サバイバル〉
Vol.21 No.5 〈特集 自殺学入門──知っておきたい自殺対策の現状と課題〉
Vol.21 No.6 〈特集 喪失・悲嘆──存在と不在の「あいだ」で回復を求めて〉
Vol.22 No.1 〈特集 〈心〉の病名を問う──臨床における効用と限界〉
Vol.22 No.2 〈特集 はじまりのレジリエンス──孤立のサポート／孤独のレッスン〉
Vol.22 No.3 〈特集 はじめてみよう臨床心理学研究──たのしく学ぶ・ただしく実践〉
Vol.22 No.4 〈特集 アセスメントで行動の意味を探究しよう！〉
Vol.22 No.5 〈特集 臨床に活きる精神分析──精神分析理論の「使用法」〉
Vol.22 No.6 〈特集 ケアの声を聴く〉
Vol.23 No.1 〈特集 怒りとはなにか？──攻撃性と向き合う〉

✴ 欠号および各号の内容につきましては，弊社のホームページ（https://www.kongoshuppan.co.jp/）に詳細が載っております。ぜひご覧下さい。

◉ B5 判・平均 150 頁　◉ 隔月刊（奇数月 10 日発売）　◉ 本誌 1,760 円・増刊 2,640 円／年間定期購読料 13,200 円（10％税込）※年間定期購読のお申し込みに限り送料弊社負担

◉ お申し込み方法　書店注文カウンターにてお申し込み下さい。ご注文の際には係員に「2001 年創刊」と「書籍扱い」である旨，お申し伝え下さい。直送をご希望の方は，弊社営業部までご連絡下さい。

◉「富士山マガジンサービス」（雑誌のオンライン書店）にて新たに雑誌の月額払いサービスを開始いたしました。月額払いサービスは，雑誌を定期的にお届けし，配送した冊数分をその月ごとに請求するサービスです。月々のご精算のため支払負担が軽く，いつでも解約可能です。

ψ 金剛出版　〒112-0005　東京都文京区水道1-5-16　URL https://www.kongoshuppan.co.jp/
Tel. 03-3815-6661　Fax. 03-3818-6848　e-mail eigyo@kongoshuppan.co.jp

系統的事例研究論文

統合的心理療法におけるクライエントの主観的体験
成功4事例の複数事例研究

山﨑和佳子[1]，岩壁 茂[2]，福島哲夫[3]，野田亜由美[4]，野村朋子[5]

1）お茶の水女子大学人間文化創成科学研究科
2）立命館大学・総合心理学部
3）大妻女子大学人間関係学部
4）お茶の水女子大学人間文化創成科学研究科
5）特定非営利活動法人 OVA

　クライエントの主観的心理療法体験の事例研究を系統的に積み重ね，変化のプロセス理解にクライエント視点を組み入れる必要性が指摘されている。これまで国内のクライエント視点の研究は面接初期に焦点が当たっていた。そこで本研究は成功事例における面接初期から終結までのクライエントの主観的体験を複数事例研究法で明らかにした。心理尺度も用い面接文脈を統制し，2名の統合アプローチをとるセラピストと心理療法を行った4名のクライエントの心理療法体験に関するインタビューをグラウンデッド・セオリー・アプローチで分析した結果，8つの上位カテゴリーが生成され，クライエントは受容的なセラピストとの関係に支えられ，治療関係や面接プロセスに主体的に関わることで，自身や周囲の人との新しい関わり方や行動ができるようになることが示された。異なるサンプルを追加して本研究の知見を検証し，さらに詳細を明らかにすることが今後の課題である。

キーワード：クライエントの主観的体験，治療関係，複数事例研究，質的研究，心理療法プロセス

臨床へのポイント ••

- 統合的心理療法において，クライエントはセラピストから尊重され，対等に関わる体験を通じて，面接内の作業により主体的に関わることができる。
- クライエントはセラピストを安全基地として活用しながら，面接内外で内省を深め，得られた気づきを実生活で試し，変化を広げる。
- 統合的心理療法の変化は，問題や症状の解消だけでなく，感情への気づきや自己受容など，自己の全体的変化として体験される。そのためセラピストは症状のみならず，変容の体験により広く注意を向ける必要がある。

••

Japanese Journal of Clinical Psychology, 2023, Vol.23 No.3 ; 329-338
受理日——2022 年 10 月 5 日

I　問題と目的

　心理療法においてクライエント（以下，Cl と略記）は変化の担い手であり，セラピスト（以下，Th と略記）の介入だけでなく，Cl の体験のあり方に注意を向けることはそのプロセスの理解に重要である。心理療法効果に関わる変数の広範囲なレビューを行っ

た Bohart & Tallman（1999）も，Cl の主体性を育み，面接プロセスへの積極的な関与を促進することが心理療法の成否を分けると結論づけており，Cl 視点から心理療法の体験のあり方を理解することは心理療法のエビデンスを形成する上で重要である。
　1990 年代から欧米を中心に Cl の主観的体験に焦点を当てた質的研究が行われてきた。Levitt, Pomerville,

& Surace（2016）は理論オリエンテーションを限定せず，広く Cl の主観的体験を扱った質的研究 109 件の結果を質的メタ分析の手法で検討した。その結果，①セラピーは Cl が好奇心をもち自らの行動・認知の様式に気づき，語りの再構築に深く関与することで起こる変化のプロセスである，②理解と思いやりをもつ Th の肯定的なメッセージを内在化して自己への気づきを高める，③ Th の専門性を信頼する一方，専門家の役割や枠組みが治療関係の純粋性への疑いや壁として体験される，④セラピーは協働作業として進み，治療関係での力や役割の違いは対話で調整される，⑤ Cl のニーズに Th が応えることで Cl の主体的関わりが促される，という共通する体験のテーマを見出した。

　日本の心理臨床研究ではこれまで Th 視点で面接プロセスを振り返る事例研究が中心で，Cl の主観的体験は Th に推測されることが多かった。しかし近年，変化の主体者として Cl 自身の体験を訊く試みもなされている。例えば草岡・岩壁・橋本（2017）は Cl が初回面接で来談継続を決める体験を明らかにするため 15 名の Cl にインタビューを行った。その結果 Cl は，信頼できる Th からの肯定・受容により，変化に向かう自信と今後の展望を感じ，来談継続の動機づけを強める一方で，Th の対応に幻滅すると，来談継続の意思決定を先送りにすることを明らかにした。高山（2011）は，非臨床群である大学生の研究協力者に全 1 ～ 3 回の短期試行カウンセリングと面接後のインタビューを行い，治療関係が良好だと認識した Cl は，自発的に面接内の体験を日常生活で活用していることを明らかにした。

　このように我が国の先行研究も Cl へのインタビューから，来談継続の判断や，面接外での行動変化への貴重な示唆を得ている。しかし上記研究は，面接初期の体験が対象で一般化には限界がある。そこで本研究では実際の心理療法を受けた Cl の，面接初期だけでなく終結までの主観的体験の意味の検討を目的に，系統的複数事例研究を行った。近年，事例文脈を統制したデータ収集と，定量的指標導入による軸を統一した治療効果の分析により，複数事例を系統的に積み重ねた理論構築を行うことができることが示されている（Yin, 2017）。本研究もデータ収集時に事例文脈を統制し，治療効果を示すアウトカム尺度の値を分析軸に取り入れることで，今後行われる同様のテーマの系統的事例研究との比較を容易にし，単一事例研究を

超えた理論構築の基礎をつくることを目指した。対象事例には，統合的アプローチをとる 2 名の Th と面接を行った臨床像が類似する 4 人の Cl を選択した。ここでいう統合的とは，単一学派や理論モデルによる介入や概念化を越えた共通要因（治療関係など）に着目しつつ，Cl の状況やニーズに合った介入を柔軟に行うアプローチを指す（Norcross & Goldfried, 2019）。日本の臨床家の 73.7％が自身のアプローチを統合的・折衷的と認識しており（日本臨床心理士会・日本臨床心理士会総合企画委員会，2006），実際の臨床をより反映していると考えたためである。また尺度得点から 4 人の面接開始前の症状や苦痛の重篤度が近く，臨床的に意義のある改善を見せたこと，面接期間を通じて良好な治療関係があったことを確認し文脈の統制をはかった。

Ⅱ　方法

1　研究協力者

1．クライエント

　Cl は同じ研究協力の枠組みで統合的心理療法を受けた Cl 男女 8 名から，後述の分析対象抽出手順により成人女性 4 名を選択した（表 1）。神経症圏からパーソナリティ障害圏の課題があり，社会機能に若干困難が見られたが現実検討や意思疎通に問題はなかった。

2．セラピストと介入アプローチ

　Th は臨床経験 20 年以上の男性臨床心理士 2 名であり，それぞれ心理療法統合について専門教育を行う指導者である（表 1）。X は「感情焦点化療法（Greenberg, Rice, & Elliot, 1996）」を重視し，面接中に Cl の感情体験を促進し，感情の気づきを高め，体験の意味を理解することで過去に受けた感情的傷つきを解決し，効果的な感情調整を身につけることに主眼をおいていた。一方，Y は力動的概念枠に「認知行動療法」を取り入れ，Cl が十分に気づいていない心理葛藤や対人パターンを理解し，物事をより柔軟に捉えるのを手伝い，時には解決法も提示した。2 人とも共感，純粋性，協働に基づいた治療関係を確立し，Cl に合わせて介入方法を調整することを重視した。また，認知・行動・感情のすべての水準において変容が起こる必要性を認め，包括的な介入を目指す点が共通している。

表 1　研究対象事例とセラピスト

Cl	Cl 属性		主訴／病態水準	面接回数	期間	Th	Th 属性		オリエンテーション
A	20代	女	虐待・未完了の体験・進路の悩み／神経症圏からパーソナリティ障害圏	44	1年6カ月				
B	40代	女	親からの暴力・ネグレクト・うつ／神経症圏からパーソナリティ障害圏	36	6カ月	X	40代	男	統合的／感情焦点化療法
C	20代	女	両親の不和に起因するトラウマ体験・感情調整困難・自傷行為／パーソナリティ障害圏	44	1年2カ月				
D	30代	女	摂食障害の既往あり，物事が決められない，両親の不和と妹の引きこもり／神経症圏	45	1年9カ月	Y	50代	男	統合的／認知行動療法

3．研究グループ

　研究グループは，質的研究の経験をもつ臨床心理学専攻の修士・博士課程の学生 8 名（臨床歴 1 ～ 5 年，平均年齢 29 歳（*SD* 5.4 歳））と Th を担当した 2 名の大学教員の 10 名からなる。インタビューとデータ分析は学生メンバーが担当した。研究グループは研究開始時より隔週 1 回 2 時間全員で集まり，インタビューデータの検討や，分析プロセスと結果の妥当性を確認する合議を行った。Th2 名は，必要に応じて面接中の所感を共有し面接理解を深めるようにした。一方で合議では，力関係の不均衡を防ぐため学生が進行を仕切り，データに基づく各々の理解を話し合って合意を目指し，視点の偏りを防いだ（岩壁，2010）。

❷　研究手順

1．研究協力者の募集とインタビュー

　研究協力者となる Cl の募集は，研究室のホームページ告知，知人からの紹介，Th の所属するカウンセリングルームに来談した Cl への依頼等で行った。Cl には事前に書面と口頭で研究に関する説明を行い，書面で承諾書を得た。参加にあたっては面接料金を免除し，インタビュー協力への謝金が少額支払われた。合わせて男女 8 名が参加した。2 人の Th は研究代表者を兼ねていたため，分析プロセスや結果妥当性を確認する合議の場に参加することについて，Cl から事前に理解を得た。また Th への謝金はない。

2．データ収集方法

　Cl は心理療法開始前と終結時に，面接を通じた症状や自尊心，セルフコンパッション等の変化を評価する目的で以下の 7 つの心理療法のアウトカム尺度に回答した。(1) Shorter Psychotherapy and Counseling Evaluation（sPaCE）（Halstead, Leach, & Rust, 2007）：

直近 1 週間に感じたうつや不安などの心理的症状を評価するアウトカム尺度。19 項目 5 件法。(2) うつ病自己評価尺度（Center for Epidemiologic Studies-Depression scale，以下 CES-D）（島・鹿野・北村・浅井，1985）：20 項目 4 件法。自記式のうつ病症状評価尺度。(3) 日本版 STAI 状態―特性不安検査（以下，STAI）（水口・下仲・中里，1982）：40 項目 4 件法。状態不安と特性不安を評価する尺度。(4) Inventory of Interpersonal Problems-64（以下，IIP-64）（Horowitz, Rosenberg, Baer, Ureño & Villaseñor, 1988）：64 項目 5 件法。不適応的な対人関係行動を評価する尺度。(5) Self-Compassion Scale（以下，SCS）（Neff, 2003）：26 項目 5 件法。セルフコンパッションの高さを評価する尺度。(6) Rosenberg Self-Esteem Scale（以下，RSES）（Rosenberg, 1965/2015）：10 項目 4 件法。自尊心の高さを評価する尺度。(7) Meta-Emotion Scale（以下，MES）（Mitmansgruber, Beck, Höfer & Schüßler, 2009）：38 項目 6 件法。自分の感情への関わり方を評価する尺度。(5) と (7) の尺度は 2 カ国語話者の研究代表者が翻訳したものを使用した。尺度の信頼性は内的一貫性（*a*）で確認され，各尺度の *a* 係数は .82 ～ .90 といずれも高かった。各回面接後には治療関係を評価する Short Working Alliance Inventory（以下，WAI）（葛西，2006；Tracey, & Kokotovic, 1989）の回答を得た。これは治療同盟の 3 つの要素（目標の一致，課題の一致，情緒的絆）を評価する 12 項目 7 件法の尺度である。

　Th に対して本研究のための特別な介入方法の指示は行わなかった。そのため Th は「セラピストと介入アプローチ」の項で述べたアプローチを用い，各 Cl のニーズに合わせて Cl と相談・判断しながらそれぞれが通常の臨床で実践するやり方で面接を行った。面接は各回 50 分から 1 時間で，面接終結は Cl と Th の

表2　インタビューガイドの構成

領域	具体的な質問
面接の中で重要だと感じたこと	これまでの面接で印象に残ったできごとや場面についてお話し下さい。また，その時の気持ちや Th の様子や行ったことで印象に残っていることがあればお話し下さい。
面接を通じて感じた変化	面接を通じて起こった変化や，何かに気づいたり，理解したりしたことがあればお話し下さい。
面接外の日常生活で感じた変化	面接での体験が日常生活に影響したり，面接の内容を日常生活に活かすことがあったか，また逆に日常生活の変化がセラピーに影響することがあったかについてお話し下さい。
Th との関係で感じたこと	Th の第一印象とその変化や，面接を通じて感じた Th に対するポジティブ／ネガティブな印象，また，最近の Th の印象についてお話し下さい。

話し合いで決定された。

終結後3カ月以内に研究チームの3名がガイド（表2）に沿って，1〜2時間の半構造化 Cl インタビューを実施した。また後日不足情報を補完するための追加インタビューを2名に1回ずつ行った。インタビューでは，理解を深めるために良かったこと悪かったことの両方を歓迎することを協力者に伝えて，できるだけ幅広く情報が集められるように努めた。インタビューデータは研究チームメンバーによって逐語化された。

3．分析対象ケースの抽出

分析対象ケースの抽出では，研究協力者8名のケースマトリクス（Yin, 2017）を作成し，主訴や背景要件，面接期間と回数，面接を通じた WAI の平均，面接前後のアウトカム尺度の信頼変化指標（Reliable Change Index）（以下，RCI）（Jacobson & Truax, 1991）を算出し比較した。RCI とは症状が臨床的に有意な変化（1標準偏差の半分以上）を示したかを見る臨床的効果研究の指標で，介入前後の得点差と標準誤差によって導かれる。RCI が 1.96 以上で臨床的に有意な変化があったと判断される。研究協力者8名の面接期間と回数の平均はそれぞれ 8.8 カ月（*SD* 7.7），25.4 回（*SD* 18.41）だった。アウトカム尺度の RCI 平均は sPaCE が−2.83（*SD* 2.37），IIP-64 は−4.31（*SD* 5.49），CES-D は−1.85（*SD* 3.32）で，プロセス尺度の WAI の平均は 5.69（*SD* 0.55）だった。ここから分析対象の文脈統制のために，面接回数が 40 回前後で sPaCE が示す面接前の心理的症状の値が近く，面接を通じた WAI 平均が尺度中央値（4）より高く，sPaCE の RCI に有意変化があった上述4名の事例を選択した。

4．分析の手続き

インタビューデータの分析には，主観的体験の意味を捉えるのに適したグラウンデッド・セオリー・アプローチ（Strauss & Corbin, 1998/2006）の手続きを援用した。まず分析チームで逐語を読み込み，時に心理療法面接の録画を試聴してインタビューの語りとの対応を見ながら臨床的理解を深め共有した。次に質問領域に沿ってケースマトリクスを作成し各ケースの共通点や違いを比較した。そして Cl の主観的体験を「治療関係の体験」・「面接に関わる変化の体験」・「面接外での変化の体験」の3領域に分け，各領域に関わる語りをエピソード単位で選択しコードを付した。その後類似コードをまとめ下位カテゴリーを作成し，複数の下位カテゴリーを比較し，より抽象的・包括的な中位・上位カテゴリーにまとめた。分析信憑性を高めるため質的分析経験があるチームメンバー以外の大学院生も交えてカテゴリー生成を合議した。本研究は理論的飽和に至っていないが Yin（2017）は複数事例研究では，対象データの背景や文脈を統制することで知見の確からしさを高めることができると述べており，本研究でもその考えをふまえて分析を行った。

5．倫理的配慮

本研究は，研究に参加した研究グループメンバーの大学教員1名が所属する大学の研究倫理審査委員会の承認を得て行った。面接およびインタビュー開始前に研究協力者へ研究概要，協力の任意性，録音・録画，個人情報の保護，成果の発表，研究協力者にもたらされる利益・不利益，研究後の同意撤回が可能であることについて文書を提示して口頭で説明を行い，書面で同意を得た。また Cl は，面接録画，質問紙，インタビューが Th を含む研究グループにおいて共有され複数の研究者に分析されることにも合意している。

表3　各 CI の面接前後とプロセスの心理尺度

アウトカム尺度		A			B			C			D		
		前	後	RCI	前	後	RCI	前	後	RCI	前	後	RCI
sPaCE		16	10	−0.54	19.58	1.75	−4.81 *	20	7	−3.78 *	18	2	−4.32 *
IIP-64		78	47	−3.32 *	171	38	−14.25 *	80	31	−5.25 *	115	—	—
SCS **		13.1	21.55	5.65 *	16.05	22.9	4.58 *	12.15	24.6	8.32 *	12.15	—	—
RSES **		24	32	2.05 *	12	43	7.96 *	41	47	1.54	0	—	—
CES-D		17	18	0.22	36	0	−8.02 *	30	8	−4.90 *	4	—	—
STAI	状態	32	27	−1.18	69	37	−7.53 *	49	28	−4.94 *	48	—	—
	特性	56	37	−4.29 *	68	36	−7.23 *	64	43	−4.74 *	55	—	—
MES	怒り	1	1	0	4	1.5	−4.07 *	4.25	2	−3.65 *	—	—	—
	軽蔑／恥	1.6	2.2	0.75	3.4	2.2	−1.75	4.6	2.8	−2.25 *	—	—	—
	厳しい統制	4.2	1.6	−3.57 *	3.4	2.4	−1.59	2.8	1.8	−1.37	—	—	—
	抑圧	1	2.5	2.08 *	1.5	3	1.97	4	2	−2.78 *	—	—	—
	思いやりのあるケア **	2.43	3.14	1.31	2.43	4.14	3.32 *	2.71	4.71	3.66 *	—	—	—
	関心 **	5.4	2.6	−4.61	2.8	4.4	2.92 *	1.6	3.8	3.62 *	—	—	—
プロセス心理尺度		平均	SD		平均	SD		平均	SD		平均	SD	
WAI-C		6.45	0.44		6.33	0.55		4.85	0.8		6.56	0.36	

sPaCE : Shorter Psychotherapy and Counseling Evaluation（Halstead et al., 2007），IIP-64 : Inventory of Interpersonal Problems-64（Horowitz et al., 1988），SCS : Self-Compassion Scale（Neff, 2003），RSES : Rosenberg Self-Esteem Scale（Rosenberg, 1965/2015），CES-D : うつ病自己評価尺度（Center for Epidemiologic Studies-Depression scale（島他, 1985），STAI : 日本版 STAI 状態─特性不安検査（水口他, 1982），MES : Meta-Emotion Scale（Mitmansgruber et al., 2009），WAI-C : Short Working Alliance Inventory（葛西，2006 : Tracey, & Kokotovic, 1989）

　*：信頼性変化指標（Reliable Change Index : RCI ; Jacobson & Truax, 1991）において有意な変化が見られたもの

**：臨床的に状態がよいほど値が高い

III　結果

1　介入前後および各面接後に回答されたアウトカム尺度データ

　抽出条件に用いた尺度（sPaCE, WAI）を含むアウトカム・プロセス尺度を RCI とともに表3に示し対象 Cl4 名の特徴を比較した（D さんは終結時に sPaCE のみ回答を得た）。sPaCE が臨床的に意義ある変化を見せたケースを抽出条件としたが，4 名全てで心理的症状（sPaCE, CES-D, STAI），対人関係課題（IIP-64），自尊心やセルフコンパッション，メタ感情（RSES, SCS, MES）のいずれかにも臨床的に有意な改善が確認された（表3）。

2　質的分析の結果

　得られた 203 のコードから，51 の下位カテゴリー，19 の中位カテゴリー，8 つの上位カテゴリーを生成した。上位カテゴリーに【　】，中位カテゴリーに〈　〉，下位カテゴリーには《　》をつけた。インタビューデータ挿入時には趣旨を変えない範囲で不要な言葉（言い間違いなど）を削除し「　」に入れた。カテゴリーは表4に記載し，研究協力者ごとに該当カテゴリーが現れたかどうかをまとめた。以下，各カテゴリーについて詳述する。

1．【Th との距離をはかる】

　これは，Cl が Th との関わり方を推し量ることを指す。さまざまな期待や予測をもって面接に訪れた Cl は面接初期に〈Th への期待と不安の間で揺れる（4 人）〉体験をした。また治療関係が安定した後も，時に〈Th からの働きかけに違和感を覚え（4 人）〉ていた。例えば D さんは当初，大学でも教えている Th について「自分の理想のイメージで（略）全てをわかってくれる感じがして」いたが《専門家らしい権威を感じる》，期待に反して「事細かなアドバイスがなかった」ことに不安を感じたと語った《予想と違う Th の反応に不安になる》。また複数の臨床家に失望した経験があった B さんは，今回も Th への心の開き方に慎重になって，「先生をチェックするために最初の頃は黙っていた」と語った《心の開き方を注意深く決める》。

表 4　心理療法における CI の主観的体験に関するカテゴリー

領域	上位カテゴリー	中位カテゴリー	下位カテゴリー	ThX A	ThX B	ThY C	ThY D
治療関係の体験	Th との距離をはかる	Th への期待と不安の間で揺れる (4)	専門家らしい権威を感じる (2)				
			心の開き方を注意深く決める (3)				
			すぐ治るためのアドバイスを期待する (2)	○	○	○	○
			予想と違う Th の反応に不安になる (2)				
			ゆっくりと心を開く (3)				
		Th からの働きかけに違和感を覚える (4)	提案されたワークに難しさを感じる (4)	○	○	○	○
			自分の意志を尊重されないと感じる (2)				
	Th から受けとめられる安心感を感じる (3)	肯定・理解されると感じる (3)	何を話して受け止められると感じる (2)				
			大切にされると感じる (1)	○	○	○	
			肯定を受け取る (3)				
			深い部分まで理解されると感じる (2)				
		専門的な力と枠組みに安心感を得る (3)	枠組みに支えられて話せるようになる (1)	○		○	○
			専門家としての力や倫理感を感じる (2)				
	人としての関わりを Th から感じる (3)	個人としての自分を尊重されると感じる (3)	自分に合わせてくれると感じる (3)				
			自分で気づくためのサポートを受ける (2)	○		○	○
			自分個人を見て接してくれると感じる (3)				
		人間としての Th に触れる (4)	Th の役割以外の面に触れて信頼する (3)	○	○	○	○
			Th を対等な人間だと感じる (3)				
	Th と積極的に関わり協働する	心を開いて Th に向き合う (2)	正直な気持ちで関わる (2)	○	○		
		Th と対等な立場で主体的に関わる (4)	対等な立場で取り組む (2)				
			協働する (4)	○	○	○	○
			面接のプロセスを主導する (3)				
面接を通じた変化の体験	面接を主体的に活用する	自発的に努力する (4)	必死になって取り組む (2)				
			機会を無駄にしないよう自発的に努力する (3)	○	○	○	○
			自分でも勉強して納得する (3)				
		面接を自分なりに活用する (3)	面接で得たことを日常生活で活用する (2)	○		○	○
			面接を心の拠り所にする (3)				
		自立する (4)	必要なときだけ思い出す (3)	○	○		
			自立を意識する (2)				
	今までの枠をこえる経験をする	変化を実感する (4)	わからなさ・驚きを感じる (1)				
			自分の変化にポジティブな感情を得る (4)	○	○	○	○
			ゆっくり変化したと感じる (3)				
		Th に変化のプロセスをサポートされる (3)	Th の言葉が深く作用する (2)				
			面接内で Th から新しい視点を得る (2)	○		○	○
			Th の存在で辛い体験をのりこえられる (2)				
日常生活での変化	本当の自分とうまくつきあえるようになる	自分の感情やパターンに柔軟に気づけるようになる (4)	柔軟な視点をもてるようになる (2)				
			自分のパターンに気づけるようになる (3)	○	○	○	○
			感情や欲求に気づけるようになる (3)				
		そのままの自分を大事にできるようになる (4)	そのままの自分を受け入れられる (3)				
			過去の見方が変わる (1)	○	○	○	○
			自分を大事にできるようになる (2)				
		揺れ幅が落ち着きエネルギーが出る (4)	落ち着いて過ごせるようになる (3)	○	○	○	○
			エネルギーが出る (2)				
		自信と希望をもつ (4)	変化を感じ自信が出る (3)	○	○	○	○
			今後の人生に希望がもてるようになる (3)				
	新しいやり方で関わる	人と柔軟に関われるようになる (4)	人からの影響を受け入れられる (2)				
			新しい関係にオープンになる (2)	○	○	○	○
			気持ちを他者に伝えられるようになる (3)				
			他者との間に境界を引けるようになる (3)				
		日常生活で新しい行動を起こす (4)	新しい行動を起こす (4)	○	○	○	○

（　）：該当人数

２．【Th から受けとめられる安心感を感じる】

　これは Cl が肯定・共感・受容・理解されることで安心感を覚えることを表す。Cl は Th からの否定を恐れ，話す内容を選んでいたが，〈Th に肯定・理解されると感じる（3 人）〉体験により，徐々にリラックスして話せるようになった。またその際，〈Th の専門的な力と枠組みに安心感を得て（3 人）〉もいた。例えば，C さんは「（Th が）くだらない恋愛話やどんなことも否定せず聞いてくれることに気づき」安心感を得て，《何を話しても受け止められると感じる》，自身が問題だと感じていた行動を Th に「健全な反応だ」と肯定されたことで救われたと語った《肯定を受け取る》。加えて，専門家としての Th の力や枠組みもそうした安心感を支えていた。

３．【人としての関わりを Th から感じる】

　これは Th からの関わりを，役割を超えた一人の人間によるものとして体験したことを示す。Cl は Th から〈個人としての自分を尊重されると感じ（3 人）〉，〈Th の人間的な部分に触れる（4 人）〉ことで自信や動機づけを高めた。例えば C さんは Th が社会常識やモラルと関係なく「自分の情緒や状態を考えた言い方」をしてくれることで「自己肯定感が高まった」と語った《自分個人を見て接してくれると感じる》。また Th の人間らしさに触れることは心理的な障壁の低減にも役立った。当初 Th を理想化し，全てを委ねたいと思っていた D さんは，Th が「銀行で嫌な思いをした話とかを聞いて先生も人間なんだ」と感じ，「自分の中に自信がでてきて，これでも（自分のやり方でも）いいんだみたいな感じになってきた」と語った《Th の役割以外の面に触れて信頼する》。

４．【Th と積極的に関わり協働する】

　このカテゴリーは Cl が積極的に Th へ働きかけることを示す。Cl は Th と関係を結ぶ中で〈Th に心を開いて向き合（2 人）〉い，〈対等な立場で主体的に関わって（4 人）〉いた。例えば B さんは「納得ができないことはとことん先生と腹を割って喋らなければ」と Th に伝え「先生とタッグを組んで」面接に取り組んだと語った《協働する》。A さんは Th のアドバイスを全て受け入れたわけではないとし，その理由を「いい作用があると（略）頭でわかっていても，やっぱり（自分が）やりたいことと違ったら期待に沿えないの

かなって思いました」と語っている《対等な立場で取り組む》。このように面接内で Cl は自ら意志をもって Th に関わっていたことが明らかになった。

５．【面接を主体的に活用する】

　このカテゴリーは Cl が面接をどう活用したかを示す。Cl は面接の機会を無駄にしないために〈自発的に努力をし（4 人）〉，〈カウンセリングを自分なりに活用（3 人）〉し，徐々に〈自立して（4 人）〉いた。A さんは，祖母との葛藤について Th の見立てを聞いたことをきっかけに「自分でも（略）調べたり勉強して納得した」と自発的に情報を集め気づきを深めたことを語った《自分でも勉強して納得する》。C さんは Th のアドバイスをノートに書きとめ，辛くなった時に「見返して気持ちを落ち着けたり」，日常生活で不安定になったときに面接の予約を「心の支え」にした《面接を心の拠り所にする》。

６．【今までの枠をこえる経験をする】

　このカテゴリーは面接内での変化の体験を示す。Cl は今まで回避していた辛い体験に向き合い新しい視点を得ながら自身の〈変化を実感（4 人）〉しており，その際〈Th に変化のプロセスをサポートされた（3 人）〉と感じていた。A さんはイメージを使った体験的なワークについて，「自分の核心に触れるのは（略）えぐられるように辛い」ため最初は抵抗感を感じていたが，Th の支えを得ながら体験したあとは「力強くてすっきりして，やってみて良かったなと思えた」と語った《Th の存在で辛い体験をのりこえられる》。C さんは当初，即効性のある解決策を求め焦っていたが，面接を重ねるうちに「ゆっくり時間をかけて改善していくもの」だと感じるようになり，Th から「正しい取り組み方を学んだ」感じがすると語った《面接内で Th から新しい視点を得る》。

７．【本当の自分とうまくつきあえるようになる】

　Cl は面接内での体験を経て，〈自分の感情やパターンに柔軟に気づけるようになる（4 人）〉。そして〈そのままの自分を大事にできるようになる（4 人）〉と〈揺れ幅が落ち着きエネルギーが出る（4 人）〉ようになり〈自信と希望をもつ（4 人）〉ようになった。A さんは「友達関係を離れたところから見られるように」なり親しくなりたい人の悪口を言って遠ざける傾向に

気づいたと語った《自分のパターンに気づけるようになる》。

8. 【新しいやり方で関わる】

　面接外の日常生活での人や物事と関わり方にも変化があった。当初対人関係に困難を抱えていた Cl が〈人と柔軟に関われるようになり（4人）〉Th の肯定で自信をつけ，〈日常生活で新しい行動を起こす（4人）〉ようになった。A さんはそれまで嫌な人と一緒にいるとき「自分も傷つきたくないからあやふやにして（略）離れてたけど今は割とはっきりと言えたり」《他者との間に境界を引けるようになる》，逆に以前と違う友達と遊べるようになり「友達の選び方に幅が出てきた」と語った《新しい関係にオープンになる》。

IV　考察

　本研究では，複数事例研究の枠組みを用いて治療的文脈を統制することで，良好な治療関係のもとで臨床的効果があった統合的心理療法の成功事例において，初期から終結までの期間を通じて，Cl がどのように変化を体験していたかを明らかにした。

1　治療関係における主体的な関わり

　本研究では，Th から一人の人間として尊重される体験を通じて，Cl が面接内の作業により深く主体的に関わったことを示す語りが示された。Th からの受容や肯定の体験が，安定した治療関係構築に重要である点（草岡他，2017；高山，2011）は本研究でも示されたが，さらに Th と対等に関わる体験を通じて，Cl が変化に主体的に関わるようになることも明らかにした。この結果は，事例背景を限定せず面接初期にのみ焦点を当てた先行研究と異なり，成功事例に限定して面接開始から終結までの体験全体を対象にしたことで得られたと考えられる。また Cl は Th との立場や役割の違いを，対話を通じて調整しつつ協働作業で面接を進めるとした Levitt et al.（2016）の結果にも沿うと考えられる。一方で Cl は Th との距離をはかり関わり方を見定めてもいた。Levitt et al.（2016）も，Cl は「関わること」と「関わらないこと」両方の主体であり，時に Th や面接プロセスから距離をとり，進み方を熟考するとしている。本研究でも良い治療関係を築いた Cl も Th に言えないことや困難感を抱くことを見いだしており治療関係の複雑な側面も描き出した。

2　面接の主体的な活用

　Cl にとって面接は，単に話を聞いてもらうだけでなく，Th に支えられながら時に痛みを伴う体験に踏み込み【今までの枠を超える】体験であったことが示された。こうした結果は，本研究がポジティブな変化を達成した Cl のみを抽出したため得られたとも推察される。Levitt et al.（2016）も，Th の現前性のもと Cl は時に辛い感情を体験しながら，繰り返される関係や行動のパターンを探索することで，恥の軽減と自己受容が起こることを明らかにしており，本研究でも自己受容に関して同様の結果が得られたと考えられる。また Levitt et al.（2016）は，Cl が面接での気づきを実生活で「試してみる」ことが自己の気づきに重要だったことを示したが，本研究でも Cl は面接内外で自発的に内省を深め，気づきを実生活で試していることがわかった。さらに本研究では，不安定になったときは面接を心の拠り所に落ち着きを保ったことも示されており，面接の場を内的・外的な安全基地や避難場所としながら，面接での気づきを面接外に拡張したことが推察される。

3　日常生活での変化

　心理療法による変化は特定の問題症状の解消だけでなく自己の全体的な変化として体験されていた。Cl は不適応パターンに気づくなかで本来の感情や欲求，そのままの自分を受容し自信や希望を得た。Levitt et al.（2016）は Cl が心理療法による変化のプロセスを，自己観察で気づきを広げ深い自己理解を得る「全人的変化」として体験したとする。本研究でも特定の症状のみならず変化体験全体に意識を向ける重要性が示唆された。

4　Th による違いの比較

　Th は統合的なアプローチで共通するが，主たる介入手法では，感情に焦点を当てた体験療法的なアプローチ（Th X）と認知行動療法の手法を組み入れるアプローチ（Th Y）の違いがあった。しかし，具体的な面接作業を特定した下位カテゴリーレベルの相違点は見られたが，より抽象度が高い中位カテゴリーレベルではかなりの一致が見られた。先行研究（Levitt et al., 2016）でもさまざまなアプローチの介入を受けた Cl に共通の体験テーマが抽出されていた。また本研究の結果は，Cl は Th の介入の意味を自分なりに解

釈して活用しているとする Bohart & Tallman（1999）の主張とも一致している。ただし，本研究のサンプルサイズは小さく，統合アプローチという限定もあるため，今後も検討が必要である。

5　本研究の限界と今後の課題

　本研究では 2 名の Th が行った各 2 組ずつの成功事例における Cl の体験と変化を質的に検討した。治療的効果の量的データも提示し，質的データの意義を補った。ただし，この 4 名を超えた知見の適用には細心の注意が必要であり，今後，本研究から得られた知見を追認するために，特定の仮説を立てた上でそれを検証するのに適した新たな事例を加え，体験の細かな部分まで明らかにし，カテゴリー間の関連性も示す必要がある。カテゴリーによっては 4 人のあいだでその出現に違いがあったため，さらなる検討が必要である。また，Cl へのインタビューが終結時に行われたため，Cl の記憶が薄れて正確でなかったり，面接の体験が肯定的に思い出された可能性もある。心理療法進行中に複数回のインタビューを行うと，Cl の変化をより正確に追うことができるだろう。なお，心理面接は，録画され，料金の免除や謝金の支払い，質問紙への回答，など実際の心理実践とは異なる設定があった。これらが，面接に影響があった可能性は否定できない。また本研究では，得られたサンプルの特徴から男性 Th と女性 Cl の組に限定されたが，ジェンダー，年齢など Th と Cl の属性についての検討も有用だろう。加えて，面接のやりとりの分析を組み合わせることで，心理療法プロセスの理解をさらに進められるだろう。

▶ 付記

　本研究は 2016 年の日本心理臨床学会第 35 回秋季大会で行った報告に再分析を加えて論文としたものです。研究に協力し，貴重な体験について話してくださったクライエントの皆様に心より感謝申し上げます。研究協力者の方や研究チームとしてご尽力くださった中村香理さん，高畠靖菜さん，木村かさねさん，星美和子さん，清水徳子さんに心より御礼申し上げます。また学会発表において貴重なコメントを下さった関西大学中田行重教授に深く感謝申し上げます。

▶ 文献

Bohart, A. C., & Tallman, K. (1999). *How Clients Make Therapy Work : The Process of Active Self-Healing.* American Psychological Association.

Greenberg, L. S., Rice, L. N., & Elliott, R. K. (1996). *Facilitating Emotional Change : The Moment-by-Moment Process.* New York : Guilford Press.

Halstead, J. E., Leach, C., & Rust, J. (2007). The development of a brief distress measure for the evaluation of psychotherapy and counseling (sPaCE). *Psychotherapy Research*, 17(6), 656-672.

Horowitz, L. M., Rosenberg, S. E., Baer, B. A., Ureño, G., & Villaseñor, V. S. (1988). Inventory of interpersonal problems : Psychometric properties and clinical applications. *Journal of Consulting and Clinical Psychology*, 56, 885.

岩壁　茂（2010）．はじめて学ぶ臨床心理学の質的研究　—方法とプロセス—　岩崎学術出版社

Jacobson, N. S., & Truax, P. (1991). Clinical significance : A statistical approach to defining meaningful change in psychotherapy research. *Journal of Consulting and Clinical Psychology*, 59, 12-19.

葛西真記子（2006）．セラピスト訓練における治療同盟，面接評価，応答意図に関する実証的研究　心理臨床学研究, 24, 87-98.

草岡章大・岩壁　茂・橋本忠行（2017）．初回面接における Cl の主観的体験の質的研究　臨床心理学, 17, 840-849.

Levitt, H. M., Pomerville, A., & Surace, F. I. (2016). A qualitative meta-analysis examining clients' experiences of psychotherapy : A new agenda. *Psychological Bulletin*, 142, 801.

Mitmansgruber, H., Beck, T. N., Höfer, S., & Schüßler, G. (2009). When you don't like what you feel : Experiential avoidance, mindfulness and meta-emotion in emotion regulation. *Personality and Individual Differences*, 46, 448-453.

水口公信・下仲順子・中里克治（1982）．日本版 STAI 状態・特性不安検査　三京房

Neff, K. D. (2003). The development and validation of a scale to measure self-compassion. *Self and Identity*, 2, 223-250.

日本臨床心理士会・日本臨床心理士会総合企画委員会（2006）．「臨床心理士の動向ならびに意識調査」報告書　日本臨床心理士会

Norcross, J. C., & Goldfried, M. R. (2019). *Handbook of Psychotherapy Integration.* Oxford University Press.

Rosenberg, M. (1965/2015). *Society and the Adolescent Self-Image.* Princeton University Press.

島　悟・鹿野達男・北村俊則・浅井昌弘（1985）．新しい抑うつ性自己評価尺度について　精神医学, 27, 717-23.

Strauss, A., & Corbin, J. (1998/2006). *Basics of Qualitative Research Techniques.* Thousand Oaks, CA : Sage

Publications.

髙山由貴（2011）．クライエントの主観的体験に関するプロセス研究　—面接内と面接間の双方に注目して—　臨床心理学, 11, 225-235.

Tracey, T. J., & Kokotovic, A. M.（1989）. Factor structure of the working alliance inventory. *Psychological Assessment : A journal of consulting and clinical psychology*, 1(3), 207.

Yin, R. K.（2017）. *Case Study Research and Applications : Design and Methods*. Sage Publications.

Client Experience of Integrative Psychotherapies : A Multiple Case Study of Four Successful Cases

Wakako Yamazaki [1], Shigeru Iwakabe [2], Tetsuo Fukushima [3], Ayumi Noda [4], Tomoko Nomura [5]

1) Graduate School of Humanities and Sciences, Ochanomizu University
2) Department of Psychology, Ritsumeikan University
3) Department of Human Relations, Otsuma Women's University
4) Graduate School of Humanities and Sciences, Ochanomizu University
5) Specified Nonprofit Corporation OVA

Client's subjective experience is critical to understanding change processes in psychotherapy. However, in Japan, it had so far received limited empirical attention, with a few exceptions that focused only on the early phase of therapy. The goal of this study was to investigate subjective experience of four clients over the whole course of successful therapy with two integrative therapists with somewhat different therapeutic foci. The study employed a multiple systematic case study design that incorporated multiple sources of data. Four successful cases were selected based on their similarities in client background information and the positive post-treatment outcome. The semi-structured interview data was analyzed using a grounded theory approach. The result showed that clients were actively engaged in the process of therapy and built more positive relationships with self, others and environment, while being supported by their therapists. Confirming and elaborating the findings with new samples will be needed

Keywords : client experience, therapeutic relationship, multiple case study, Qualitative research, psychotherapy process

展望・レビュー論文

ゲーム行動の重症化予防に関する研究動向
多様なプレイスタイルを踏まえた臨床心理学的考察

横光健吾 [1]，入江智也 [2]，新川広樹 [3]，田中勝則 [4]，山本晃輔 [5]

1）人間環境大学
2）北翔大学
3）弘前大学
4）北海学園大学
5）大阪産業大学

　ゲーム行動の重症化を予防するうえで，重症化した状態像，つまりゲーム障害者の特徴は明らかになってきているが，重症化に至るプロセスは不明である。本研究では，重症化に至るまでのプロセスと関連要因の整理，重症化に至らずにゲームとうまく付き合うことのできているプレイヤーの理解のための，ゲームのポジティブな側面，esports 選手に関する研究知見の整理，そしてゲームに触れ始める初期の若年層のゲームへの課金について整理し，今後のゲームとの付き合い方に関する多様なプレイスタイルを踏まえた臨床心理学的な考察を試みる。本研究を通じて，重症化に至るプロセスの理解，および重症化予防につながるエッセンスを整理することが可能である。

キーワード：ゲーム障害，esports，ルートボックス

臨床へのポイント ・・・

- プレイ時間を制御できるという点は，ゲーム障害に至るかどうかに大きく関連することからも，まずはプレイ時間を把握しておくことは重要である。
- 気分転換のための，あるいは特に目的のないゲームプレイは，重症化の恐れもあることから，ゲームを利用する動機づけを理解し，そしてそのようなプレイがネガティブな結果をもたらしているかどうかを把握することは重要である。
- ゲーム内における非計画的な課金，特にルートボックスに関連する課金は若年層において，ゲームプレイの重症化に大きく影響を及ぼすことからも，ゲームとの付き合い方を検討するうえで，課金の観点を考慮することは重要である。

・・・

Japanese Journal of Clinical Psychology, 2023, Vol.23 No.3 ; 339-348
受理日——2022 年 9 月 2 日

　現代は，テクノロジーの発展により，スマートフォン上で，いつでもどこでも，誰もがオンラインゲームをすることができる時代となった。我々の生活において，スマートフォンで行われるゲームは，息抜きやストレス発散，そしてコミュニケーションのためのツール，といった役割を担っている。さらに，Pokémon GO や Wii Fit に代表されるように，ゲームと運動を掛け合わせ，エクササイズを促進させるものもある。

　一方，オンラインゲームは，自分自身でコントロールできなければ，プレイ時間などが増え，場合によっては，心理社会的な支障を伴うゲーム障害に至る。ゲーム障害とは，オンラインゲームやテレビゲームに没頭し，生活や健康に支障をきたす精神疾患であり，オンラインゲームの普及により，その問題が顕在化し始め，各国の有病率調査に関するメタアナリシスでは，一般成人の約 3％が，若年層では約 5％がゲーム障害であ

ると見積もられている（Stevens, Dorstyn, Delfabbro, & King, 2021）。世界保健機関は，国際疾病分類第11版（ICD-11）において，ゲーム障害を精神障害の1つとして位置付け（World Health Organization, 2018），米国精神医学会は，精神障害の診断と統計マニュアル第5版（DSM-5）において，より多くの臨床研究を必要とする精神障害の1つとして，インターネットゲーム障害を含めている（American Psychiatric Association, 2013）。

　ゲームのプレイは，適度なうちは，人々の健康にポジティブな影響を及ぼすが，それが過度に，そして病的になると，ネガティブな影響を及ぼす。ゲームプレイの重症化プロセスについて，適度な，あるいは過度なゲームプレイの線引きはこれまでにも明らかにされていないことから，本稿では先行研究のレビューを通じて，適度なゲームプレイに必要な情報に焦点を当てる。また，重症化のプロセスを理解するうえで，先行研究から，重症化した状態像，つまりゲーム障害者の特徴などは明らかになってきているが，重症化に至るプロセスは不明である。本研究では重症化に至るまでのプロセスとそれに関連する要因の整理，重症化に至らずにゲームとうまく付き合うことのできているプレイヤーの理解のために，ゲームのポジティブな側面，esportsプレイヤーに関する研究知見の整理，そしてゲームに触れ始める初期の若年層のゲームへの課金についてまとめる。

I　ゲームプレイの重症化のプロセスと関連要因 ——嗜好からゲーム障害まで

　ゲームに触れ始めた当初からゲーム障害の人はいない。ゲーム障害に至るプロセスは，ゲームの楽しさに触れ，それが繰り返されるうちに，プレイ時間が増加し，そして自分自身で制御できなくなるまでゲームをしてしまい，そして強迫的にゲームのことを考え，ゲームをするようになる（Paulus, Ohmann, von Gontard, & Popow, 2018）ことで特徴づけられる。

　ゲーム障害および関連する併存疾患のリスク因子として，Bender, Kim, & Gentile（2020）は，注意や衝動性の問題，ネガティブな感情への対処の困難さ，家族間の対立や親からの虐待をはじめとする家族機能の低下，そしてゲームを通じて満たされる人生の満足度をあげている。そしてゲーム障害の保護因子として，効果的な感情調整方略の獲得や家族や仲間との関

係性をはぐくむことがゲーム障害のリスクを低減するために重要であることを示唆している（Bender et al., 2020）。また，ゲームプレイの重症化のプロセスについて，Paulus et al.（2018）は，若年層に関するゲーム障害の研究を対象にシステマティックレビューを実施し，そのプロセスに関する統合的なモデルを提案している（図）。このモデルでは，楽しみとしてゲームをプレイできている段階では，ゲームそのものが学びにつながったり，社会的なつながりの中で交流や学習につながったりといった経験をする。しかしながら，病的にゲームをプレイするようになる，すなわちプレイ時間が増加し，自分自身での制御が困難になると，第三者（こどもの場合，養育者）から制御を受ける必要性が生じてくる場合もある。Carras & Kardefelt-Winther（2018）は，7,937名の14歳から18歳の少なくとも1カ月に1回ビデオゲームをしている青少年を対象に調査を行い，潜在クラス分析を用いて，日常生活に支障のないゲーマーから，ゲーム障害水準のゲーマーまで分類を行った。その結果，日常生活に支障のないゲーマーのうち，6割が決められたプレイ時間を守れるが，3割が決められたプレイ時間を守ることができず，1割が過去に決められたプレイ時間を守ることができなかったことを報告している。また，日常生活に支障をきたしているゲーマーほど，プレイ時間を守れる割合は減り，プレイ時間を守れない割合が増えてくる。したがって，プレイ時間を制御できるという点は，ゲーム障害に至るかどうかに大きく関連すると言える。また，ゲームプレイが継続する理由の1つに，ゲームの世界から何らかの報酬を得る（例えば，仲間からゲームの世界の中で賞賛される）ことが増えてくることがあげられる。病的なゲームプレイが繰り返された結果として，楽しみとして始まったはずのゲームは障害とみなされるほどになり，自分自身ではプレイ時間をコントロールすることは困難で，社会生活からも離れ，孤立する。ゲームに従事する動機づけの観点から，自尊心を満たしたり，ネガティブな気分を回避したりしようとするゲームプレイは，ゲーム障害の重症化に繋がることが指摘されている（Scerri, Anderson, Stavropoulos, & Hu, 2019）。このように，病的なゲームプレイの特徴は明らかにされつつある。

　ゲーム障害者の特徴について，Paulus et al.（2018）のモデルでは取り扱われていないものの，ゲーム内でのアバター（ゲームの世界における自分自身が設定し

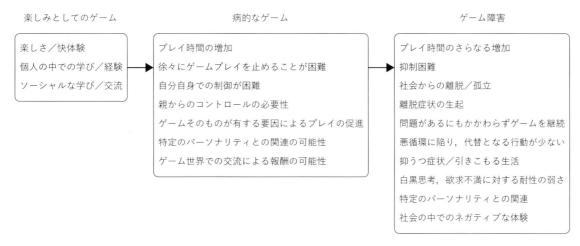

図　ゲームの重症化のプロセス（Paulus et al.（2018）の Figure をもとに著者が翻訳）

たキャラクターであり，自分自身の分身／化身）の役割も指摘されている。Green, Delfabbro, & King（2020）によると，ゲーム障害者は，現実世界における自分自身に対するネガティブな自己概念と，ゲーム世界におけるアバターとを明確に区別していることが示され，ゲーム障害者にとって，ゲーム世界における自己は，よりポジティブな存在として認識されている。このようなアバターと自己との区別について，病的にゲームをプレイしている段階で生起してくるのか，ゲーム障害とみなされるほどに重症化した段階でこのような区別がなされるかなど，未知な点も多いが，今後の検討は必要である。このように，適度なゲームプレイから病的なゲームプレイに至るプロセスにおいて，そのリスク因子と保護因子に加えて，プレイ時間を制御できなくなり，楽しみとしてのゲームから現実逃避としてのゲームへと変化することで，ゲームプレイが重症化しゲーム障害に至ることを理解する必要がある。

　なお，適度なゲームプレイから病的なゲームプレイに至る行動制御の困難さについては，ギャンブルなどの嗜癖行動に関する脳画像研究によるアプローチが参考になる（高橋，2019）。例えば，ギャンブル障害者においては Stroop 課題や Go ／ No-go 課題時において，健常者と比較して，前頭前野の活動低下が報告されている（van Holst, van den Brink, Veltman, & Goudriaan, 2010）。また，依存症患者においては，ドパミン神経系の報酬への感受性の低下も指摘されており，物質使用障害者では報酬予測時に，ギャンブル障害者では報酬を得る際に，線条体の低活性化が認

められている（Luijten, Schellekens, Kühn, Machielse, Sescousse, 2017）。このように，さまざまな嗜癖行動の問題に直面している者を対象とした脳画像研究結果をふまえると，ゲーム障害者においても，前頭前野からのトップダウンの行動の抑制が不十分となり，またドパミン神経系が不十分な応答しか示さないがために，より強い刺激を求めて問題のあるゲームプレイを繰り返している可能性が考えられる。

II　ゲームがもたらすポジティブな側面

　ここまで，ゲームの重症化に至るプロセスを整理してきた。次に，重症化に至らずにゲームとうまく付き合うことのできる要因を理解するため，ゲームのポジティブな側面について整理し，なぜそのようにゲームとうまく付き合うことができているかについて考察する。

　まず，楽しみとしてのゲームであるうちは，プレイに伴うポジティブな側面を得ることができていると言える。例えば，Beidiou, Adams, Mayer, Tipton, Green, & Bavelier（2018）はアクションゲームを中心に認知機能との関連性を検討した5,770本の論文を対象にメタアナリシスを行った。その結果，ゲームを頻繁にプレイする人はゲームをプレイしない人と比較して，ターゲットの検知や探索課題に影響する視覚機能，物体の位置・方向・姿勢・大きさをすばやく正確に把握，認識する機能，知識や予測に基づいて特定の空間位置や刺激特徴に注意を向ける機能，複数の認知処理を同時に駆動させる機能が優れていることが示さ

れている。つまり，ゲームが日常生活のさまざまな認知処理にポジティブな役割を果たしていると言える。

また，ゲームと認知機能との関係性のように，ゲーム環境によって培われたものがゲーム以外で役に立つ例の1つとして，持続的な課題への取り組みがある。Ventura, Shute, & Zhao（2013）は，ゲームをしない人と比較して，頻繁にゲームをする人が，解決困難なアナグラム課題に対して，取り組んだ時間が長く，粘り強く解決を試みようとしたことが明らかとなっている。この研究は，ゲームのポジティブな側面が，学校をはじめとする社会で役に立つ可能性を示すものであると言える。

プレイするゲームの種類によって，ポジティブな効果が得られることを示唆した研究も行われている。例えば，Greitemeyer & Mügge（2014）は，向社会的なゲームをプレイすることによって，攻撃性と反社会的な行動が減少し，向社会的な行動が増加することを明らかにした。一方，暴力的なゲームのプレイは，攻撃性と反社会的な行動を増加させることも明らかにされている。また，Russoniello, O'Brien, & Parks（2009）によると，最小限のインターフェース，短期間のコミットメント，高いアクセス性を持つパズルゲームをプレイすることによって，人々は気分を改善し，リラックスが促進され，不安を遠ざけることができることが明らかになった。これまでにもゲームプレイと，抑うつ症状の改善やポジティブな感情の増加が関連することは多くの研究で示されてきている（例えば，Russoniello, Fish, & O'Brien, 2013）。これまでの先行研究では，短時間，断続的にプレイするゲームの効果だけに着目していることから，長期的なゲームへの関与とポジティブな気分の変化との因果関係は不明である。また，重症化のプロセスで述べたように，気分転換のためのゲームプレイは，重症化の恐れもあることから，ゲームを利用することと回避的な戦略とがどの時点で結びつき，人々にネガティブな結果をもたらすのかを縦断的に研究することが重要である（Granic, Lobel, & Engels, 2014）。

このように，ゲームをプレイすることには，さまざまなポジティブな側面があると言えるが，単純にゲームをプレイすることがこのような効果に必ずしもつながるわけではない。Hodent（2021）は，「もしそのゲームに没入できなければ，そのゲームの目的は完全に失われてしまう」として，ゲームによるポジティブ

な影響を得るためには，没入感（engagement）が重要であることを指摘している。山本・曽我・Menant（2021a）は，Brockmyer et al.（2009）によって開発されたゲームへの没入傾向を多面的に測定する尺度である Game Engagement Questionnaire（GEQ）の日本語版を作成している。日本語版 GEQ は，同化，空間的存在，フロー，没頭の4因子から構成される。さらに，山本・曽我・Menant（2021b）は，esports の大会に出場経験のある一般成人を対象に調査をした結果，esports の大会に出場経験のない一般のゲームプレイヤーと比較して，日本語版 GEQ の同化，空間的存在感，フロー得点が高いことを示している。つまり，esports の大会に出場するゲームプレイヤーほど，ゲームに没入していることを示し，彼らこそゲームによってポジティブな効果をより得ているのではないかと示唆している。しかしながら，没入とゲーム障害との関係性，ゲームへの没入感と認知機能をはじめとするポジティブな側面の促進に関するエビデンスについて，実証的な研究はなく，さらなる研究が不可欠であると言える。今後，このような研究を通して，どのようなゲームのプレイがゲームのポジティブな効果を最大限に引き出せるのか，ひいてはどのようなゲームのプレイがゲーム障害の予防に資するかを明らかにすることにつながると言える。

III 新しいスポーツとしてのゲーム（esports）

esports とは，electronic sports の略称であり，個人やチームがゲームをスポーツ競技として行う際の呼称である（Wagner, 2006）。このように，ゲームをスポーツ競技として行い，それを職業としている者はプロの esports 選手と呼ばれる。ここでは，プロの esports 選手に関する先行研究を概観しながら，ゲームとうまく付き合うことのできる要因を整理することを試みる。

esports に関する心理学研究の歴史はまだ浅いと言えるが，2019年以降にいくつかの心理学研究が行われてきている。例えば，Poulus, Coulter, Trotter, & Polman（2020）では，主要な5つの esports ゲーム（Dota2, League of Legends, Counter Strike: Global Offensive, Overwatch, Rainbow Six）のうちの1つで上位にランクされていた esports 選手が，ストレス対処の方法として問題解決型および情動焦点型の対処方法を多く選択し，回避型の対処方法を選択することが

少なかったことが示されている。対処方法と精神的健康との関連をメタアナリシスによって明らかにしたPenley, Tomaka, & Wiebe（2002）では，問題解決型対処方略は，健康に正の影響を与え，一方で，情動焦点型や回避型の対処方法は健康に負の影響を与えることが報告されている。つまり，esport選手の上位ランカーであるからといって，健康に適切な対処方法だけを行っているわけではなく，健康に負の影響をもたらす対処方法も用いながら，日々の生活を送っていることがうかがえる。また，プロのesports選手とプロスポーツ選手の間に類似点があることが明らかになっている。スポーツ選手における睡眠の問題がパフォーマンス低下につながることと同様に，プロのesports選手においても睡眠の問題に起因する認知機能の低下やその結果としてのパフォーマンス低下が指摘されている（Bonnar, Castine, Kakoschke, & Sharp, 2019）。この他にもプロのesports選手とスポーツ選手との間では，選手の競争心や競技におけるチーム構成，トレーニングや練習によるパフォーマンスの向上，選手の怪我に伴う身体的／心理的ストレスといった点でも共通する側面が認められる（Fiore, Zampaglione, Murazzi, Bucchieri, Cappello, & Fucarino, 2020）。esports選手のプレイ中におけるストレス反応を検証した研究において，例えば，esportsの上級者は非上級者と比較して競技前のコルチゾール濃度，認知的不安，試合に対する重要性の知覚が高いことが示された（Mendoza, Clemente-Suárez, Alvero-Cruz, Rivilla, García-Romero, Fernández-Navas,…Jiménez, 2020）。この結果は，プロスポーツ選手と同様に，esports選手がプロのアスリートとして競技に向かう姿勢によって生じる，適度なストレス反応を反映したものと考えられる。また，プロのesports選手では対戦相手がコンピューターである場合よりも人間が対戦相手である場合の方が競技開始時および終了時の心拍数が増加することが確認された（Watanabe, Saijo, Minami, & Kashino, 2021）。さらには，プロのesports選手でなくとも，esports競技中には心理的ストレスが高まること（Andre, Walsh, ValladÃo, & Cox, 2020）や敗者と比較して勝者における不安が高い（Schmidt, Gnam, Kopf, Rathgeber, & Woll, 2020）という知見も見出されている。

先行研究を概観すると，esports選手が競技として取り組むゲームは非常にストレスフルなものとなっている可能性もある。こうしたストレスフルな事態に適切に対処することが可能な場合，パフォーマンスが向上することが見込まれ，うまく対処できない場合にはパフォーマンスの低下やそれに伴う日常生活へのネガティブな心理的影響にもつながる可能性がある。

一方，ゲームを行う動機づけに着目した研究から，プロのesports選手のゲームを行う動機づけが，現実の問題を回避するために行われる場合，過度のゲームプレイ，およびその重症度が増加することが確認された（Bányai, Griffiths, Demetrovics, & Király, 2019）。このような問題に対応するためには，ゲーム空間でなく現実世界におけるソーシャルサポート享受感を維持することが有用であることが示唆されている（Tham, Ellithorpe, & Meshi, 2020）。オンラインゲームではゲーム空間上での対人関係の結びつきがその特徴の1つであるが，この研究からは問題あるゲーム行動を低減させるために現実世界におけるサポーティブな人間関係が重要であることが考えられる。

ここまで,esportsに関する心理学研究の紹介を行った。いくつかの臨床的示唆が導かれたものの，多くの研究は横断研究である。したがって，縦断研究を通じてesportsに取り組むことがどのような帰結をもたらすかの検討が望まれる。また，多くの研究は調査対象者が男性に限定されていた。そのため女性esports選手に関する実証的知見はほぼ皆無である。さらに，近年では部活動としてesportsを取り入れている高等学校も増え，全国高校eスポーツ選手権は今年で第4回を迎え，文部科学省も後援し，ゲームとの付き合い方に関する新しい方向性も根付きつつある。このように，esportsが社会の中で認められてきている一方で，esportsであるから重症化につながらないとも言い切れない。例えば，esports選手とレクリエーションとしてゲームをしている者とを比較した研究もいくつか行われてきている（Bányai et al., 2019; Maldonado-Murciano, Guilera, Montag, Pontes, 2022）。これらの研究では一貫して，esports選手の方が，ゲームプレイの時間が長く，ゲーム障害と見なされる割合が高いことがわかっている。長時間のプレイはゲームの上達のために必要であることから，ゲームのプレイ時間とゲーム障害とは一見関連が無いようにも見える。しかしながら，その時間のためにゲーム以外の時間（例えば，家族と過ごす時間）が削られてしまうことは，1つの問題でもあると言える。このような問題は，

ワーカホリックな esports 選手の特徴でもあると指摘されている（Griffiths, 2017）。したがって，引き続きesport とゲーム障害，およびその重症化との関係性については検討していくことが重要である。

IV　若年層におけるゲーム内課金の問題

　ゲーム障害と深く関係する問題の1つに，ゲーム内課金がある。ゲーム内課金とは，主に無償で提供されているオンラインゲームにおいて，採用されている収益化のためのビジネスモデルである。オンラインゲームにおいて，プレイヤーはゲーム内で使用できる仮想通貨を購入し，それを用いて，ゲームプレイの幅を拡張するためのさまざまなサービスやアドバンテージを得る。ゲーム内課金の中には，「ルートボックス（通称：ガチャ）」と呼ばれる一定の確率配分の下でランダムに得られる報酬に投資する形態のものがある。ルートボックスを含めたゲーム内課金を用いた仕組みは，特に若年層のゲームプレイヤーの支出の増加という問題として認識されてきている。

　ルートボックスは，課金した結果の不確実性や，過剰な金銭の損失を避けるための「引き際」が存在することから，ギャンブルと類似していることが指摘されている（Drummond & Sauer, 2018）。ルートボックスとギャンブルの類似性について，ギャンブルに関連する特有の認知的特徴がルートボックスを選好する者にも共通して認められること（Brooks & Clark, 2019），課金の際のゲームプレイヤーの生理的覚醒パターンがギャンブラーのものと類似していること（Brady & Prentice, 2019）からも支持される。ルートボックスは，オンラインゲームにおける課金の大半を占め，とあるゲームにおいてルートボックスが撤廃された後，ユーザーの課金額が顕著に減少したという報告もある（Zendle, 2019）。このようなルートボックスへの課金とギャンブル行動との関連は，10代の青少年において確認されている（Kristiansen & Severin, 2020; Zendle, Meyer, & Over, 2019）。さらに，青少年は成人に比べて，広告などの外的なインセンティブに対して反応しやすいことが指摘され（Griffiths, Davies, & Chappell, 2004），日本の若者を対象とした調査においても，期間限定ルートボックスに曝露する機会が多いほど，ゲームへの課金額が大きいことがわかっている（Shibuya, Teramoto, Shoun, & Akiyama, 2019）。ゲームプレイヤーの中には実際に支払える金

額の範囲を超えて課金する者も存在することを踏まえると，青少年におけるルートボックスとの付き合い方によっては，意図しない金銭的損失につながる可能性がある。ルートボックスに過度に従事してしまう背景には，ルートボックスの開封に伴って上昇する覚醒（Brady & Prentice, 2019），そして報酬を予測する際の線条体の低活性化（Luijten et al., 2017），ルートボックスの開封に伴って得られる希少なゲームアイテムの報酬価を原因とする次のルートボックス開封へのモチベーションの向上（Larche, Chini, Lee, Dixon, & Fernandes, 2021），ルートボックスの開封によって得られる希少価値の高いアイテムの獲得による，ゲーム内の競争における優位性の向上（Xiao, 2020）などがあげられ，過度のギャンブル行動への従事と同様に，ルートボックスへの従事を抑制することを困難にしている。

　コントロールの難しいルートボックス購入を含む過剰なゲーム内課金の問題は，児童期・青年期における未熟な神経学的発達や行動抑制の困難さを背景とするリスク行動とみなすこともできる。Reyna & Farley（2006）によると，リスク行動は事前の計画性の有無によって2つのパターンに分類される。1つは計画的リスク行動とされる合理的なリスク選択に基づく意思決定行動であり，もう1つは非計画的リスク行動とされる環境刺激や内的経験に応じて予期せずに生じる衝動的な行動である。後者の非計画的なリスク選択は，ギャンブル課題における高リスク志向と関連することから（Maslowsky, Keating, Monk, & Schulenberg, 2011），ゲームの文脈においても，予定外の課金行動は不適応的なゲームプレイのリスクを高めることが予想される。実際，中学生のゲーム内課金の実態を調査した研究では，中学生の30.7％がゲーム内課金を経験し，14.0％が非計画性の課金者であったことが示された（Shinkawa, Irie, Tanaka, & Yokomitsu, 2021）。この非計画性課金者のうち，19.2％は過去1カ月の間に月々のお小遣い以上の課金を行っていることが明らかにされた。これらの結果は，不適応的なオンラインゲーマーの特徴を見出すうえで，課金行動のプロセスにおける計画の有無に着目することの有用性を示唆するものと考えられる。また，高校生を対象として実施した別の調査研究では，非計画性課金者の割合が19.9％と約5分の1に上ることが示されている（Irie, Shinkawa, Tanaka, & Yokomitsu, 2021）。彼らは計画

的な課金者に比べて，より依存的で問題のあるゲームプレイを行う傾向にあり，さらにこの問題のあるゲームプレイ傾向の程度は，ルートボックスの購入を課金内容に含む者でより顕著に大きいことが明らかにされた。以上を踏まえると，非計画的なゲーム内課金やルートボックスへの関与は，若年層における行動的問題や自制困難なゲームプレイと密接な関係にあることが推察される。

　一方，ゲーム内課金が必ずしも自制困難なゲームプレイに結びつくケースばかりではないことも考慮に入れるべきである。ルートボックスを購入するゲーマーの特性に焦点を当てたシステマティックレビューでは，ルートボックスの購入とesportsへの従事が，負の関係にあることが見出された（Yokomitsu, Irie, Shinkawa, & Tanaka, 2021）。つまり，esports選手は一般的なゲーマーと異なり，ルートボックスの購入をあまり行わないということである。esports選手において，なぜルートボックスの購入が少ないのかをはじめとして，esports選手におけるルートボックス購入の意思決定プロセスは明らかになっていない。この点を明らかにすることは，ゲームに関するより良い行動制御の解明につながる可能性があり，さらなる研究が期待される。

　以上のように，ゲーム内における非計画的な課金，特にルートボックスに関連する課金は若年層において，ゲームプレイの重症化に大きく影響を及ぼすことからも，ゲームとの付き合い方を考える上で課金の観点を考慮することは重要であると言える。

Ⅴ　標準的な水準から適応的な ゲームとの付き合い方を考える

　これまで，ゲームプレイの重症化に至るまでのプロセスの整理，重症化に至らずにゲームとうまく付き合うことのできているプレイヤーの理解のために，ゲームのポジティブな側面，esportsプレイヤーに関する研究知見，そして若年層におけるゲーム内課金の問題について，整理してきた。これらを踏まえて，オンラインゲームとの付き合い方について，臨床心理学的に適応／不適応の観点から考察を試みる。

　まず，オンラインゲームとの付き合い方に関する適応／不適応の境界線について，ゲームのプレイ時間だけでは推し測ることができない。そのため，個人の文脈において，オンラインゲーム利用に伴うネガティブ

な結果，およびゲーム利用に関する逸脱的な行動の有無などに鑑みて，適応的なゲームプレイかどうかを判断することが重要である。不適応的なゲームプレイの一因として考えられるものは，Paulus et al.（2018）で指摘されていたプレイ時間の増加はもとより，自分自身によるコントロールの問題をはじめとして，本展望でも触れてきた，アバターと自己との区別，没入感，ルートボックスを含めたゲーム内課金の有無などがある。ゲームプレイヤー自身は，まずはこれらの1つひとつを自覚し，行動であればその頻度や量が，没入感などの主観的なものであればその確信度が増えてきた段階で一度立ち止まり，自分自身のゲームとの付き合い方について振り返ることが重要だろう。しかしながら，不適応的なゲームプレイに関連する要因を自覚し，ゲームプレイをコントロールすることを，プレイヤーの意識に置くことは非常に難しいと言える。ゲーム障害をはじめとする依存症領域では，嗜癖行動の予防策の1つとして，Personalized Normative Feedbackと呼ばれるものがある。これは，例えばゲームであれば，自身の1週間のプレイ時間が10時間の場合，それが同世代の日本人の上位何パーセントに位置するかをフィードバックする，といったものである。これは，高校生の大学受験の全国模試と結果のフィードバックと類似している。ゲームプレイに対する研究は少ないものの，Peter, Brett, Suda, Leavens, Miller, Leffingwell,…Meyers（2019）はギャンブル行動やその問題に対するPersonalized Normative Feedbackの効果についてメタアナリシスを実施し，統制群と比較して，ギャンブル行動やその問題の減少に効果的であることを報告している。このような，予防策は現時点では開発されておらず，ウェブ上やスマートフォンアプリケーションで誰もが自らチェックできるような仕組みなどを早急に開発し，誰もが利用できるようにシステム化していくことも重要であると言える。

　最後に，適度なゲームのプレイは，人々の健康にポジティブな影響を及ぼす面もあるが，それが過度に，病的になると，ネガティブな影響を及ぼすことが先行研究で明らかとなっている。ゲームを提供する企業などにおいても，適度に長くプレイできるプレイヤーが数多くいることが，業界の存続につながると言えることから，プレイヤー本人だけではなく，提供側による適度なプレイの促進も今後必要となってくると言える。例えば，ゲーム会社自らが，子どものプレイ時間

の管理の仕方をウェブ上で提供している事例もある（Nintendo Switch サポート）。このように，ゲームに関連するすべての利害関係者が，適度なプレイについて，今後も共同して考えていくことが，多くのゲームプレイの重症化を予防するために重要であると言える。

▶謝辞

本研究の執筆にあたり，大分大学の岩野卓先生，大阪産業大学の曽我千亜紀先生から多大な助言をいただきました。この場を借りて，御礼申し上げます。

▶文献

American Psychiatric Association. (2013). *Diagnostic and Statistical Manual of Mental Disorders* (*DSM-5*). Arlington, VA : American Psychiatric Publishing.

Andre, T. L., Walsh, S. M., ValladÃo, S., & Cox, D. (2020). Physiological and perceptual response to a live collegiate esports tournament. *International Journal of Exercise Science*, 13(6), 1418-1429.

Bányai, F., Griffiths, M. D., Demetrovics, Z., & Király, O. (2019). The mediating effect of motivations between psychiatric distress and gaming disorder among esport gamers and recreational gamers. *Comprehensive Psychiatry*, 94, 152117.

Beidiou, B., Adams, D. M., Mayer, R. E., Tipton, E., Green, C. S., & Bavelier, D. (2018). Meta-analysis of action video game impact on perceptual, attentional, and cognitive skills. *Psychological Bulletin*, 144, 978-979. https://doi.org/10.1037/bul0000168

Bender, P. K., Kim, E. L., & Gentile, D. A. (2020). Gaming disorder in children and adolescents : Risk factors and preventive approaches. *Current Addiction Reports*, 7, 553-560. https://doi.org/10.1007/s40429-020-00337-5

Bonnar, D., Castine, B., Kakoschke, N., & Sharp, G. (2019). Sleep and performance in Eathletes : For the win! *Sleep Health*, 5(6), 647-650.

Brady, A., & Prentice, G. (2019). Are loot boxes addictive? Analyzing participant's physiological arousal while opening a loot box. *Games and Culture*, 16, 433.

Brockmyer, H. J., Fox, M. C., Curtiss, A. K., McBroom, E., Burkhart, M. K., & Pidruzny, N. J. (2009). The development of the Game Engagement Questionnaire : A measure of engagement in video game-playing. *Journal of Experimental Social Psychology*, 45(4), 624-634.

Brooks, G. A., & Clark, L. (2019). Associations between loot box use, problematic gaming and gambling, and gambling-related cognitions. *Addictive Behaviors*, 96, 26-34.

Carras, M. C., & Kardefelt-Winther, D. (2018). When addiction symptoms and life problems diverge : A latent class analysis of problematic gaming in a representative multinational sample of European adolescents. *European Child & Adolescent Psychiatry*, 27, 513-525.

Drummond, A., & Sauer, J. D. (2018). Video game loot boxes are psychologically akin to gambling. *Nature Human Behaviour*, 2, 530-532.

Fiore, R., Zampaglione, D., Murazzi, E., Bucchieri, F., Cappello, F., & Fucarino, A. (2020). The esports conundrum : Is the sports sciences community ready to face them? A perspective. *Journal of Sports Medicine and Physical Fitness*, 60(12), 1591-1602.

Granic, I., Lobel, A., & Engels, R. C. (2014). The benefits of playing video games. *American Psychologist*, 69(1), 66-78. https://doi.org/10.1037/a0034857

Green, R., Delfabbro, P. H., & King, D. L. (2020). Avatar- and self-related processes and problematic gaming : A systematic review. *Addictive Behaviors*, 108, 106461.

Greitemeyer, T., & Mügge, D. O. (2014). Video games do affect social outcomes : A meta-snalytic teview of the effects of violent and prosocial video game play. *Personality and Social Psychology Bulletin*, 40(5), 578-589. https://doi.org/10.1177/0146167213520459

Griffiths, M. D. (2017). The psychosocial impact of professional gambling, professional video gaming & esports events typically involve professional video. *Casino & Gaming International*, 28, 59-63.

Griffiths, M. D., Davies, M. N. O., & Chappell, D. (2004). Online computer gaming : A comparison of adolescent and adult gamers. *Journal of Adolescence*, 27, 87-96.

Hodent, C. (2021). *The psychology of video games*. London : Routledge.

Irie, T., Shinkawa, H., Tanaka, M., & Yokomitsu, K. (2021). Unplanned in-game purchases and loot boxes associated with online gaming problems and mental health among adolescents. https://doi.org/10.31234/osf.io/s95dj

Kristiansen, S., & Severin, M. C. (2020). Loot box engagement and problem gambling among adolescent gamers : Findings from a national survey. *Addictive Behaviors*, 103, 106254.

Larche, C. J., Chini, K., Lee, C., Dixon, M. J., & Fernandes, M. (2021). Rare loot box rewards trigger larger arousal and reward responses, and greater urge to open more loot boxes. *Journal of Gambling Studies*, 37, 141-163. https://doi.org/10.1007/s10899-019-09913-5

Luijten, M., Schellekens, A. F., Kühn, S., Machielse, M. W. J., Sescousse, G. (2017). Disruption of reward processing in addiction : An image-based meta-analysis of functional magnetic resonance imaging studies. *JAMA Psychiatry*, 74(4), 387-398. https://doi.org/10.1001/jamapsychiatry.2016.3084

Maldonado-Murciano, L., Guilera, G., Montag, C., & Pontes, H. M. (2022). Disordered gaming in esports : Comparing professional and non-professional gamers. *Addictive Behaviors*, 26. https://doi.org/10.1016/j.addbeh.2022.107342

Maslowsky, J., Keating, D., Monk, C., & Schulenberg, J. (2011). Planned versus unplanned risks : Evidence for subtypes of risk behavior in adolescence. *International Journal of Behavioral Development*, 35, 152-160.

Mendoza, G., Clemente-Suárez, V. J., Alvero-Cruz, J. R., Rivilla, I., García-Romero, J., Fernández-Navas, M.… Jiménez, M. (2020). The role of experience, perceived match importance, and anxiety on cortisol response in an official esports competition. *International Journal of Environmental Research and Public Health*, 18, 2893.

Paulus, F. W., Ohmann, S., von Gontard, A., & Popow, C. (2018). Internet gaming disorder in children and adolescents : A systematic review. *Developmental Medicine & Child Neurology*, 60(7), 645-659.

Penley, J. A., Tomaka, J., & Wiebe, J. S. (2002). The association of coping to physical and psychological health outcomes : A meta-analytic review. *Journal of Behavioral Medicine*, 25(6), 551-603. https://doi.org/10.1023/A:1020641400589

Peter, S. C., Brett, E. I., Suda, M. T., Leavens, E. L. S., Miller, M. B., Leffingwell, T. R.…Meyers, A. W. (2019). A meta-analysis of brief personalized feedback interventions for problematic gambling. *Journal of Gambling Studies*, 35(2), 447-464. https://doi.org/10.1007/s10899-018-09818-9

Poulus, D., Coulter, T. J., Trotter, M. G., & Polman, R. (2020). Stress and coping in esports and the influence of mental toughness. *Frontiers in Psychology*, 11, 628.

Reyna, V. F., & Farley, F. (2006). Risk and rationality in adolescent decision making : Implications for theory, practice, and public policy. *Psychological Science in the Public Interest*, 7, 1-44.

Russoniello, C. V., Fish, M., & O'Brien, K. (2013). The efficacy of casual videogame play in reducing clinical depression : A randomized controlled study. *Games for Health Journal*, 2(6), 341-346. https://doi.org/10.1089/g4h.2013.0010

Russoniello, C. V., O'Brien, K., & Parks, J. M. (2009). The effectiveness of casual video games in improving mood and decreasing stress. *Journal of CyberTherapy & Rehabilitation*, 2(1), 53-66.

Scerri, M., Anderson, A., Stavropoulos, V., & Hu, E. (2019). Need fulfilment and internet gaming disorder : A preliminary integrative model. *Addictive Behaviors Reports*, 9, 100144. https://doi.org/10.1016/j.abrep.2018.100144

Schmidt, S. C. E., Gnam, J., Kopf, M., Rathgeber, T., & Woll, A. (2020). The influence of cortisol, flow, and anxiety on performance in e-sports : A field study. *BioMed Research International*, 2020, 9651245.

Shibuya, A., Teramoto, M., Shoun, A., & Akiyama, K. (2019). Long-term effects of in-game purchases and event game mechanics on young mobile social game players in Japan. *Simulation & Gaming*, 50, 76-92.

Shinkawa, H., Irie, T., Tanaka, M., & Yokomitsu, K. (2021). Psychosocial adjustment and mental distress associated with in-game purchases among Japanese junior high school students. *Frontiers in Psychology*, 12, 708801.

Stevens, W. R. M., & Dorstyn, D., Delfabbro, H. P., & King, L. D. (2021). Global prevalence of gaming disorder : A systematic review and meta-analysis. *Australian & New Zealand Journal of Psychiatry*, 55(6), 553-568.

高橋英彦（2019）．依存症の脳画像解析　宮田久嗣・高田孝二・池田和隆・廣中直行（編）アディションサイエンス　―依存・嗜癖の科学―　朝倉書店

Tham, S. M., Ellithorpe, M. E., & Meshi, D. (2020). Real-world social support but not in-game social support is related to reduced depression and anxiety associated with problematic gaming. *Addictive Behaviors*, 106, 106377.

van Holst, R. J., van den Brink, W., Veltman, D. J., & Goudriaan, A. E. (2010). Brain imaging studies in pathological gambling. *Current Psychiatry Reports*, 12(5), 418-425.

Ventura, M., Shute, V., & Zhao, W. (2013). The relationship between video game use and a performance-based measure of persistence. *Computers & Education*, 60(1), 52-58. https://doi.org/10.1016/j.compedu.2012.07.003

Wagner, M. (2006). On the scientific relevance of eSport. In : Proceedings of the 2006 International Conference on Internet Computing and Conference on Computer Game Development (pp.437-440). Las Vegas, Nevada : CSREA Press.

Watanabe, K., Saijo, N., Minami, S., & Kashino, M. (2021). The effects of competitive and interactive play on physiological state in professional esports players. *Heliyon*, 7, e06844.

World Health Organization. (2018). *The ICD-11 Classification of Mental and Behavioral Disorders : Diagnostic Criteria for Research*. Geneva : World Health

Organization.

Xiao, L. Y. (2020). Conceptualising the loot box transaction as a gamble between the purchasing player and the video game company. *International Journal of Mental Health and Addiction*. Advance online publication. https://doi.org/10.1007/s11469-020-00328-7

山本晃輔・曽我千亜紀・Menant, J.（2021a）. 日本版ゲーム没入感尺度（GEQ）の信頼性および妥当性の検討　パーソナリティ研究, 29, 187-190.

山本晃輔・曽我千亜紀・Menant, J.（2021b）. e スポーツプレーヤーにおけるゲーム没入感　日本パーソナリティ心理学会第 30 回大会発表論文集

Yokomitsu, K., Irie, T., Shinkawa, H., & Tanaka, M. (2021). Characteristics of gamers who purchase loot box : A systematic literature review. *Current Addiction Reports*, 1-13, 8(4), 481-493.

Zendle, D. (2019). Problem gamblers spend less money when loot boxes are removed from a game : A before and after study of Heroes of the Storm. *PeerJ*, 7, e7700.

Zendle, D., Meyer, R., & Over, H. (2019). Adolescents and loot boxes : Links with problem gambling and motivations for purchase. *Royal Society Open Science*, 6, 190049.

Perspectives on the Prevention of Severe Game Behavior : Clinical Psychological Considerations Based on Diverse Playing Styles

Kengo Yokomitsu [1], Tomonari Irie [2], Hiroki Shinkawa [3], Masanori Tanaka [4], Kohsuke Yamamoto [5]

1) University of Human Environments
2) Hokusho University
3) Hirosaki University
4) Hokkai-Gakuen University
5) Osaka Sangyo University

Previous studies have shown the characteristics of people with gaming disorder to understand the process of severe game-playing; however, the process related to severe game-playing is unknown. Therefore, in this study, we summarize the research findings on the process of severe game-playing, severe game-related factors, positive aspects of game-playing, and characteristics of esports players who would be able to play games appropriately. We also summarize the characteristics of game-playing in the early stages of game exposure, such as in adolescence. This study will help understand the process that would lead to severe game-playing, and organize the essentials that would lead to the prevention of severe game-playing.

Keywords : gaming disorder, esports, loot box

実践研究論文の投稿のお誘い

『臨床心理学』誌の投稿欄は，臨床心理学における実践研究の発展を目指しています。一人でも多くの臨床家が研究活動に関わり，対象や臨床現場に合った多様な研究方法が開発・発展され，研究の質が高まることで，臨床心理学における「エビデンス」について活発な議論が展開されることを望んでいます。そして，研究から得られた知見が臨床家だけでなく，対人援助に関わる人たちの役に立ち，そして政策にも影響を与えるように社会的な有用性をもつことがさらに大きな目標になります。本誌投稿欄では，読者とともに臨床心理学の将来を作っていくための場となるように，数多くの優れた研究と実践の取り組みを紹介していきます。

本誌投稿欄では，臨床心理学の実践活動に関わる論文の投稿を受け付けています。実践研究という場合，実践の場である臨床現場で集めたデータを対象としていること，実践活動そのものを対象としていること，実践活動に役立つ基礎的研究などを広く含みます。また，臨床心理学的の介入の効果，プロセス，実践家の訓練と職業的成長，心理的支援活動のあり方など，臨床心理学実践のすべての側面を含みます。

論文は，以下の5区分の種別を対象とします。

論文種別	規定枚数
①原著論文	40 枚
②理論・研究法論文	40 枚
③系統的事例研究論文	40 枚
④展望・レビュー論文	40 枚
⑤資料論文	20 枚

①「原著論文」と⑤「資料論文」は，系統的な方法に基づいた研究論文が対象となります。明確な研究計画を立てたうえで，心理学の研究方法に沿って実施された研究に基づいた論文です。新たに，臨床理論および研究方法を紹介する，②「理論・研究法論文」も投稿の対象として加えました。ここには，新たな臨床概念，介入技法，研究方法，訓練方法の紹介，論争となるトピックに関する検討が含まれます。理論家，臨床家，研究者，訓練者に刺激を与える実践と関連するテーマに関して具体例を通して解説する論文を広く含みます。④「展望・レビュー論文」は，テーマとなる事柄に関して，幅広く系統的な先行研究のレビューに基づいて論を展開し，重要な研究領域や臨床的問題を具体的に示すことが期待されます。

③「系統的事例研究論文」については，単なる実施事例の報告ではなく，以下の基準を満たしていることが必要です。

①当該事例が選ばれた理由・意義が明確である，新たな知見を提供する，これまでの通説の反証となる，特異な事例として注目に値する，事例研究以外の方法では接近できない（または事例研究法によってはじめて接近が可能になる），などの根拠が明確である。
②適切な先行研究のレビューがなされており，研究の背景が明確に示される。
③データ収集および分析が系統的な方法に導かれており，その分析プロセスに関する信憑性が示される。
④できる限り，クライエントの改善に関して客観的な指標を示す。

本誌投稿欄は，厳格な査読システムをとっています。査読委員長または査読副委員長が，投稿論文のテーマおよび方法からふさわしい査読者2名を指名し，それぞれが独立して査読を行います。査読者は，査読委員およびその分野において顕著な研究業績をもつ研究者に依頼します。投稿者の氏名，所属に関する情報は排除し，匿名性を維持し，独立性があり，公平で迅速な査読審査を目指しています。

投稿論文で発表される研究は，投稿者の所属団体の倫理規定に基づいて，協力者・参加者のプライバシーと人権の保護に十分に配慮したうえで実施されたことを示してください。所属機関または研究実施機関において倫理審査，またはそれに代わる審査を受け，承認を受けていることを原則とします。

本誌は，第9巻第1号より，基礎的な研究に加えて，臨床心理学にとどまらず，教育，発達実践，社会実践も含めた「従来の慣習にとらわれない発想」の論文の募集を始めました。このたび，より多くの方々から投稿していただけるように，さらに投稿論文の幅を広げました。世界的にエビデンスを重視する動きがあるなかで，さまざまな研究方法の可能性を検討し，研究対象も広げていくことが，日本においても急務です。そのために日本の実践家や研究者が，成果を発表する場所を作り，活発に議論できることを祈念しております。

（査読委員長：岩壁 茂）（2017 年 3 月 10 日改訂）

個人心理療法再考

［著］上田勝久

『精神療法』での連載の単行本化。著者が「個人心理療法」の技能の内実，有効性，価値を問い直す。日々の臨床は思い描くように進むものではない。臨床において，援助者側の豊富な"スキル"をユーザー側のニーズに合致した支援となるよう「クライエント・センタード的な介入姿勢をベースとして，事を力動論的な視点から考えていく」タイプの心理療法を改めて考える。「失敗から学ぶこと」「いま目前にある失敗を修正すること」「ユーザーから学ぶこと」，この3つは著者の臨床家としての姿勢である。読者が蓄えたいままでの経験と合わせて読み進める内に，自然と著者の臨床観に引き込まれ，いくつもの気づきを得ることができるだろう。　　　　定価2,970円

暴力を手放す
児童虐待・性加害・家庭内暴力へのアプローチ

［著］佐々木大樹

クライエントは欲求や感情を言葉ではなく暴力という対処行動として表出し，そのことに苦しむ場合でも自ら援助を求めることはほとんどない。なぜなら，援助を求めるとは欲求や感情を言葉で表出することそのものだからである。その結果，暴力を振るうクライエントへの支援は困難を極めることになる。本書では，暴力の定義，起源，要因を解説し，医療・司法・福祉各領域におけるDVや児童虐待への支援実践を概観しながら，思春期以降の児童から成人までを対象とした暴力を手放すための四つのフェーズからなる支援モデルとセラピストの適切な「ありよう」を提示する。　　　　定価3,520円

病いのレジリアンス
ナラティヴにおける虚偽主題

［著］大塚公一郎

著者は，人間学的精神医学や現象学的精神病理学，ラカン派の精神分析，ナラティヴ・アプローチの交点に位置づけられるような領域研究と，自らが築きあげてきた精神療法家としての素地を柱とした臨床経験の精華として本書を書き上げた。各論稿では，クラウス，ヤンツァーリク，ラカン，エランベルジェ，等，独仏の碩学の理論を止揚し，病いに苦しむ人の自己（身体），他者，世界との関係を明らかにしようと試みる。臨床の現場においては，精神病患者の語りに耳を傾け，患者の痛みと苦悩の内的世界を再構築し，現代における統合失調症・うつ病の病理を問うている。　　　　定価5,280円

価格は10%税込です。

臨床心理学 ＊ 最新研究レポート シーズン3
THE NEWEST RESEARCH REPORT SEASON 3

第**40**回

教育における意義ある重要な
家族のパートナーシップに向けて

Garbacz SA, Minch DR, Jordan P, Young K & Weist MD (2020) Moving towards meaningful and significant family partnerships in education. Adolescent Psychiatry 10-2 ; 110-122. doi:10.2174/2210676610666200324113209

岡村章司 *Shoji Okamura*
［兵庫教育大学大学院特別支援教育専攻］

I　はじめに

　普段，筆者は巡回相談で各種学校によく伺う。相談内容としては，主に離席や暴力といった子どもたちが示す行動上の問題が多い。学校の先生方は相談時に共に立案した支援計画を踏まえ，真摯に支援に取り組まれる。その結果，行動問題が軽減し，子どもたちの学校生活が充実してくることがある。しかし残念ながら，その時点で相談が中断することが多い。当然ながら，発達障害を含めた特別な教育的ニーズを有する子どもたちは学校だけで行動問題を示すわけではない。母親に暴力をふるうなど，家庭で保護者が悩みを抱えている事例は多い。身近な支援者である教師が保護者と共に，必要に応じて関係機関の支援関係者を巻き込んでそれらの課題に取り組むことが求められる。発達障害を含めた特別な教育的ニーズを有する子どもたちに対する生活の質（QOL）の向上を目的とした支援を行っていくためには，子どもを支援するだけに留まらず，保護者を含めた家族への支援も併せて行っていかなければならないことは周知の事実である。子どもの支援に保護者が関与することは，子どもに限らず，保護者のQOLの向上につながることも示唆されている（Musetti et al., 2021）。一方，学校と保護者との関係が悪化し，互いのコミュニケーションが困難な状況になった後，筆者は支援会議の場に参加することもある。保護者との関係が悪化してから問題に対処するのではなく，普段からの家族への予防的なアプローチが望まれる。

　しかしながら，わが国には教師がそれらの課題に取り組むための枠組みが現存しない。家族と教師の協働のあり方，つまり保護者は教育にどのように関与すれば良いのか，教師は保護者とどのようにコミュニケーションを図っていけば良いのか，その具体は明確に示されていない。これらの問いへの回答に迫るのが，三層支援における家族との協働の枠組みであり，本稿では2020年にAdolescent Psychiatry誌に掲載された論文を紹介する。本稿の執筆にあたって，論文の展開に沿いながら要約を示していくが，理解しやすいよう論文とは違う見出しを付け，適宜言葉を補いながら整理をして提示していく。学校だけで子どもの支援をすれば良かった時代から，家庭や地域と共に学校づくりをしていく時代へと移り変わる過程において，本稿が読者の実践を少しでも後押しするきっかけになることを期待したい。

II　教育における家族とのパートナーシップの必要性

　メンタルヘルスの問題を抱える思春期の子どもに対する効果的な支援が行われない場合，重大な問題が生じやすい。各発達段階において心の健康を促進し，精神衛生上の懸念のリスクを低減するためには，家族と教育者のパートナーシップが必要となる。家族と教育者が対等なパートナーとして各々の役割を担い，積極的に教育に関与することが求められる。しかしながら，幼児期には，保護者は子どもの支援関係者と頻繁に連絡を取り合うものの，幼稚園や小学校に移行すると教師との連携が希薄になる。中学校では生徒がかかわる教師の数やクラスが増えるなど，学校の構造の変化により，家族と学校のパートナーシップの難しさがある。学習面や行動面での支援の期待が高まり，中学校の時期には特に行動面に関する懸念が増加するにもかかわらず，青少年の保護者は子どもの教育に関与することが少なくなる。そのため，青少年は親から距離を置き，行動問題を強化する可能性のある仲間集団とのつながりを強める。保護者は教師とは問題が生じてからコミュニケーションを取ることが最も多くなる。このように子どもたちが学校生活を送る上で，保護者の子どもの教育への関与や家族と学校の連携の乏しさにより反社会的行動や内在化行動の増加を促す危険性がある。コミュニケーションやつながりの低下は保護者が最も必要としているときに起きており，中学生の保護者は子どもへの支援内容や方法に関する情報を必要としている（これらの状況は，わが国においてもおおむね同様の傾向であろう）。

　これらの課題を解消するために，保護者や教師は子どもに適切な行動を明示し，それらの実行を強化し子どもの強みを育む必要がある。子どもの精神的健康状態をモニタリングし，予防的に支援を行うことが求められる。さらに，家庭，学校，地域の協力体制のもとに，すべての子どもたちのメンタルヘルスを促進することが重要となる。

III　教育への家族の関与を促すアプローチ

　家族と学校のパートナーシップを強化することは，年齢層を超えて子どもの学習面や行動面に良い結果をもたらすことが多くの研究で示されている。思春期における学校による家族中心的な支援は，薬物使用，反社会的行動の減少や子どもの肯定的な仲間関係につながる。

　家族と学校のパートナーシップでは，家族と学校のコミュニケーションと関係が特に重要となる。一貫した双方向のコミュニケーションは家族と学校のつながりを強化し，子どもに対する良好な結果を促進する。しかしながら，学校は一方向的なコミュニケーションに終始している。たよりやウェブサイトなどによる情報提供や学校主催の行事への家族の参加の依頼といった，学校による一方的な取組では家族と教師の間に対話は生まれず，むしろ連携が損なわれる可能性がある。学校は行事への家族の参加に頼るのではなく，教育活動に関して子どもと話し合う親子関係を強化するために保護者を支援し，双方向のコミュニケーションを促進し，保護者との信頼を築くことが重要となる。好み，ニーズ，子どもに期待することなど，家族の意見を聴き，それらの内容を学校や家庭での教育やパートナーシップの取り組みに活用することが家族の関与を高め，子どもに対する良好な結果を促すことにつながる。

IV　家族との協働を促す三層支援

　支援の強度の連続性を考慮したシステムレベルでのアプローチとして，学校における三層の予防的な支援における家族との協働が挙げられる。三層の枠組みの中で家族と学校のパートナーシップを統合することは，評価に基づく実践を可能にし，子どもや家族の成果を向上させる。この枠組みは地域保健に根差しており，第一層支援，第二層支援，第三層支援が含まれる。第一層支援では，すべての子どもにユニバーサルな支援が提供される。第二層支援では，対象を絞り，より手厚い支

援が提供される。第三層支援では，第一層支援と第二層支援に加え，個別の子どもとその家族に合わせた評価を含む個別の支援が提供される。階層化された家族と学校のパートナーシップのシステムと実践は一体となって学校教育の価値を高める。段階的な家族と学校のパートナーシップの方略の実施を促進するためには，研修やコーチングなどの地区レベルでの体制が重要となる。

1　第一層支援

　すべての子どもを対象とした支援とは，学業面と行動面の統合されたカリキュラムと実践を指す。第一層支援では，第二層支援や第三層支援を必要とする子どもを特定するためにも，支援の効果を評価するスクリーニング測定を実施する。スクリーニングのアプローチには，子どもの学力，社会的，情緒的および行動的機能を評価する尺度が含まれる。加えて，子どものウェルネスと生活の質（QOL）の指標を測定することが望ましい。学校生活の満足度を測る尺度や幸福感の指標を用いた尺度が，学校で効率的かつ効果的に使用できるツールとして用意されている（詳細は紹介論文を参照）。

　家族が対等なパートナーとして学校全体のチームに参加することで，学校の実践が家族の文化や目標に合致する可能性が高まる。双方向のコミュニケーションは，家族と教師の間で支援計画を調整するための基盤となり，問題が悪化する前の初期段階からの対処に役立つ。さらに，子育てスキルの促進を目的とした学校からの働きかけは家族と学校のつながりを強化する。例えば，学校は，マインドフルネスやウェルネスの話題など，家族と子どもが一緒に取り組める活動を提供することができる。

2　第二層支援

　継続的な懸念がある子どもに的を絞った支援の一般的なアプローチとは，小集団のスキル訓練およびコストや資源をほとんど必要としない個別的

な支援のことを指す。小集団のスキル訓練では，不安，うつ，外在化行動の懸念がある子どもに対して，問題解決，リラクゼーション，認知再構成に関するスキルの形成が図られる。家族は協力者として含まれ，家庭でのスキルの使用を促し強化することに加え，支援の進捗状況を教師と共に評価する。小集団のスキル訓練を学校で実施する場合には，外部の専門家等の連携を必要とする可能性が高い。

　加えて，Check-in/Check-out（CICO）（Crone et al., 2015）のような個人への行動支援計画も含まれる。CICO の実施には，授業開始時の子どもとのチェックイン，授業中の改善すべき具体的な行動目標のモニタリング，授業終了時の子どもとのチェックアウトが含まれる。子どもと教師が行動目標の達成度を評価し，教師は具体的に称賛し適切な行動を認める。家族は家庭でも適切な行動を称賛し，進捗状況を見守るなど，プロセス全体を通じて，協力者として関与する。

3　第三層支援

　第三層支援とは，個別の子どもに合わせた評価，支援，継続的なモニタリングを指す。家族と学校のパートナーシップによる個別の子どもへの支援として，Conjoint Behavioral Consultation（CBC）（Sheridan & Kratochwill, 2008）がある。CBC は，家庭と学校の資源を組み合わせて，子どもの学習面や行動面のニーズを満たす間接的な支援である。保護者，教師，行動コンサルタントがチームとして協力し，行動目標を特定して家庭と学校の支援計画を立案し，保護者と教師が共に支援を実行し，データに基づいて進捗状況を評価する。CBC は保護者と教師の関係を強化し，保護者と教師の問題解決能力を高め，家族と学校のコミュニケーションを促す。CBC は第三層支援のプロセスではあるが，第一層支援や第二層支援においても双方向的なコミュニケーションを通じて学校の決定に，家族を対等なパートナーとして含めることが重要となる。

Ⅴ　スティグマからの脱却

学校での三層支援における家族と学校のパートナーシップの強化における重要な留意事項は，スティグマを与えるような言葉の使用を最小限に抑えることである。精神疾患等をもつ子どもに対してレッテルを貼ることは，子どもの支援の改善には役立たず，むしろ子どもへの害につながる。さらに，保護者自身や自分の子どもに対する偏見が関係者からの支援を求める保護者にとって障壁となる。この問題をさらに深刻にするのが「自己スティグマ化」で，子どもは自身を恥ずかしい存在だと思い，否定的なステレオタイプが自分に当てはまると信じ，自尊心を低下させていく。「自己スティグマ化」は拒絶されることへの恐怖や他人から軽んじられることへの認識とも関連しており，教師や学校関係者が子どもを尊重しないことは「自己スティグマ化」に影響を与える。

これらのことから，家族と学校のパートナーシップを向上させる取り組みを進めるにあたり，ラベリングを減らし，強みに基づく子どもへの支援を行うことに焦点を当てるべきである。

Ⅵ　本研究の結論

家族と学校のパートナーシップは，家族と教師が対等なパートナーとして積極的に関与することを促進するものである。三層支援の枠組みは，家族のパートナーシップを統合し，子どもへの支援強度の連続性を提供するものである。今後の研究では，家族と教師が真のパートナーシップを築き，家族と子どもの強みやウェルネスの指標を培うことに焦点を当てたアプローチを目指すべきである。

Ⅶ　紹介論文からの示唆

子どもの行動問題が激しくなってから，もしくは問題が起こってから保護者と協働するのではなく，普段から家族との関係を築き，共に子どもの支援を行っていくことは予防的な対応と言え，紹介論文での学校教育における家族の関与のあり方は大変参考になると考える。

一層支援においては，従来から用いられている，学校での活動内容の報告や家庭での子どものかかわりに関する双方向的なコミュニケーションを可能にする連絡帳の有効な活用は，保護者と教師の協働を無理なく促す方法となりうる。さらにコロナ禍において，学校で家庭教育を促進させるオンライン上での動画教材等の提供が行われてきたが，こうしたICTを活用することは家族の教育における関与を促進するだろう。個別の教育支援計画や個別の指導計画を作成するにあたっては，保護者と十分に相談することが重要となるが，作成過程における教師と保護者との協働のあり方に関して，その具体は明確に示されておらず，検討が求められる。紹介論文では，保護者と教師の双方向的なコミュニケーションの重要性が強調されていた。わが国においては，教師が保護者との協働に対する負担や心理的抵抗を感じている場合があり，保護者との問題解決の意義を含めた保護者の実態に応じたコミュニケーションのあり方を学ぶ研修等の充実が必要となる（岡村，2021）。

第二層支援，第三層支援においては，教師が保護者と共に子どもの支援に関する計画を立案し，両者による支援を共に評価することが重要となる。その際，家族と子どもにレッテルを貼ることなく，強みに着目したアプローチが望まれる。行動問題を示す発達障害児に対する教師による保護者支援に限らず，専門家による保護者と学校の協働を促す支援に関する検討は少ないものの，CBCについては，わが国においても効果が実証されている（岡村・藤田，2021）。また，保護者を含めた支援会議や教育における専門家及び関係機関等の支援者の関与のあり方もさらなる検討が必要である。課題は山積しているが，紹介論文の知見をわが国でそのまま適用することは困難である。日本の学校制度や文化的な価値観に適合した形で家族と教師のパートナーシップのあり方を模索し続けていき，実践研究を積み重ねていく必要がある

と考える。

　最後に，関連資料として，Garbacz et al.（2016），Garbacz（2018）は，第一層支援における家族の関与を整理する，家族・学校統合型のポジティブな行動支援（Positive Behavior Support : PBS）の枠組みを提示している。併せて，ご参照いただきたい。

▶ 文献

Crone DA, Hawken LS & Horner RH（2015）Building Positive Behavior Support Systems in Schools : Functional Behavioral Assessment. 2nd Ed. New York, NY : Guilford.

Garbacz SA（2018）Enhancing family engagement in schoolwide positive behavioral interventions and supports. Intervention in School and Clinic 54-1 ; 195-203.

Garbacz SA, Mcintosh K, Eagle JW et al.（2016）Family engagement within schoolwide positive behavioral interventions and supports. Preventing School Failure 60-1 ; 60-69.

Musetti A, Manari T, Dioni B et al.（2021）Parental quality of life and involvement in intervention for children or adolescents with autism spectrum disorders : A systematic review. Journal of Personalized Medicine 11-9 ; 894.

岡村章司（2021）通常の学級担任による行動問題を示す自閉スペクトラム症児の保護者との問題解決プロセスの検討．特殊教育学研究 58-4 ; 219-233.

岡村章司，藤田継道（2021）場面緘黙と不登校を呈した自閉スペクトラム症児に対する協働型行動コンサルテーション―保護者と教師のみの支援による効果の検討．LD 研究 30-2 ; 152-164.

Sheridan SM & Kratochwill TR（2008）Conjoint Behavioral Consultation : Promoting Family-School Connections and Interventions. 2nd Ed. New York, NY : Springer.

♪ 主題と変奏——臨床便り

第 61 回

なぜ「リカバリー」に拘ったのか

駒澤真由美
［立命館大学大学院先端総合学術研究科］

「リカバリー」の話がなくてもこの博論は書けたんじゃないの？　そのように言われる。だが，この研究でリカバリーを論じることはどうしても必要だった。それが執筆の「動機」に関わるからである。

18 年前，経営コンサルティング会社に勤務していた私は，夫との死別をきっかけに希死念慮を伴ううつ状態に陥った。しばらくのあいだ自分の体調を整えるために民間機関でカウンセリングを学んでいたのだが，ある日「解離性障害」と見立てられたクライアントに出会う。私に乳がんの疑いが浮上し，余生をどう過ごそうかと考え始めていた頃だ。そのとき，幼少期に離別した父親がギャンブルとアルコールの依存症を抱えていたがために精神科病院に入院させられ，晩年にそのまま病院で亡くなったと叔母から聞いたことを思い出した。残された人生は，私から父親を奪った「精神の病」についてもっと深く探求したいと思い，会社を退職し，臨床心理士指定大学院に入学した。

実習先の心療内科クリニックでクライアントの「就労」について考える機会があった。私は「精神の病」を抱えた人たちが利用できる就労支援の制度やサービスに関しても知っておきたいと思い，夜間の精神保健福祉士養成校に通い始めた。そこで，精神保健医療福祉の領域では精神疾患による破局的な影響から人生を再獲得するための支援として「リカバリー」概念が盛んに用いられていること，また 2018 年には精神障害者の法定雇用が義務化されることを知った。しかし，彼らが辿ってきた歴史や現状を知るにつけ，支援を受ける側の当事者はこうした制度やサービスをどのように受け止めているのだろうか，ということに思いを馳せるようになった。

特に先行研究が示す「人生の新たな意味と目的を創り出すこと」（Anthony, 1993＝1998, p.147）というリカバリーの定義には疑問を抱いた。私自身が夫との死別以後，次から次へと「人生の新たな意味と目的を追求し続ける」ループから抜け出すことができずに苦しんでいたため，それを強いられるような気がしたのだ。別に無理をしなくても「このままでもいいのではないか」と思うようになりつつあった。しかし，かといって何もせずしてそれで心を落ち着かせることもできなかった。

だから博士課程の研究では，リカバリーから「こぼれ落ちるもの」に焦点をあてた。就労現場のフィールドワークと当事者へのライフストーリーインタビューで，従来のリカバリー概念には収まりきらない彼らの「生の実践」を描き出してみせた。それを書籍にしたのが『精神障害を生きる——就労を通して見た当事者の「生の実践」』（生活書院［2022］）である。本書には，リカバリーに対する私自身の葛藤の軌跡が刻まれている。

▶文献

Anthony WA（1993）Recovery from mental illness : The guiding vision of the mental health service system in the 1990s. Psychosocial Rehabilitation Journal 16-4 ; 11-23.（濱田龍之介 訳・解説（1998）精神疾患からの回復—1990 年代の精神保健サービスシステムを導く視点. 精神障害とリハビリテーション 2-2 ; 145-154）

書評 *BOOK REVIEW*

駒澤真由美 [著]

精神障害を生きる
—— 就労を通して見た当事者の「生の実践」

生活書院・A5判並製
2022年9月刊行
3,960円（税込）

評者＝**小林 茂**（札幌学院大学）

　本書は，駒澤真由美氏が立命館大学大学院先端総合学術研究科に提出した博士論文を基に執筆されたものです。ページ数も540頁にも及ぶ大著です。駒澤氏とは面識はありませんが，問題意識の持ち方や研究へ進展していく思考の展開がよく似ていて親近感を持ちながら本書を読ませていただきました。

　本書を著した駒澤氏の特質すべきところは，コミュニティ心理学でいうところのコミュニティ感覚とフィールドワークに根ざした実践と研究にあるといえます。たとえば，駒澤氏はご家族とご自身の身に起こった体験から臨床心理学に関心を持ち，臨床心理士指定大学院へと進みます。駒澤氏のように自分自身の体験から生じた問題意識から臨床心理学を学び始める方は多くおられます。しかし，通常のカウンセリングの枠組みを超えて障害年金や就労支援にも関心を広げ，さらには精神保健福祉士の養成校における学びを並行して進める人は多くありません。旧来の臨床心理実践の発想では，それを臨床心理実践からの逸脱としてしまうか，それはソーシャルワーカーの仕事であると，臨床心理学の取り組みから，いとも簡単に切り離してしまうからです。その結果，面接室内における個人の内面における心理作用に拘泥して，その人を生活者として理解する視点が欠けてしまうのではないかと感じています。しかし，生きていくための経済的基盤がないことや仕事がないといった現実レベルから起こる心理作用は大変大きいものがあります。実のところ，臨床心理実践に携わる私たちでさえも心理臨床を営む以前に，非常勤よりは常勤，福祉事業所よりは病院，地方よりは都会と生活の安定を求めて実利的に取捨選択し，一喜一憂することが多いのです。程度の違いはあっ

たとしても，誰しも生きるために生活を成り立たせようとする生々しさを有しています。これを別の面から表現すれば「あなたも，私も同じ基盤に立っている」という市民感覚であるといえます。こういった環境要因や社会のセーフティ・ネットの問題を理解して，その人の行動を見て取ることは有益であるといえます。駒澤氏のご経歴の賜物であるともいえますが，自らも含めて生活者としての人間存在，市民感覚をしっかりと捉えて研究にまとめられています。

　また駒澤氏は，当事者のライフストーリー・インタビューという研究法を通して研究をまとめられています。ライフストーリーの面白さは，語り手と聞き手の共同作業であり，それが自己論（アイデンティティ論）と密接に関係しているところにあります。したがって，当事者のテーマごとの語りは，駒澤氏の自己論と密接な関係にあるといえます。本書の基になった博士論文のタイトルは「精神障害を生きる当事者の『生の実践』——リカバリーと就労支援の現場に着目して」というものでした。本書のサブタイトルからリカバリーという言葉は消えてしまっていますが，そこには当事者の語りを手掛かりに駒澤氏自身のリカバリーの探求の物語があるような感じがしました。これは深読みでしょうか。真意はわかりませんが，駒澤氏の実存を伴った優れたフィールドワーク研究であると感じました。この分野に関心のある方は，ぜひ手にしていただきたいと思います。

石垣琢麿［編］

メタ認知トレーニングをはじめよう！
──MCTガイドブック

星和書店・A5判並製
2022年4月刊行
3,630円（税込）

評者＝**橋本和明**（国際医療福祉大学）

「メタ認知トレーニング（Metacognitive Training：MCT）」は，統合失調症向けの認知行動療法的アプローチを用いた心理的介入技法の一つとして開発された。簡単に言えば，MCT はその人の精神症状を直接扱うのではなく，症状の背後にある認知バイアスに関する知識を持ってもらい（メタ認知的知識），セッションの中でそれに気づき（メタ認知的体験），ホームワークでそれをモニタリングしたりコントロールしたり（目標＆活動）することによって症状を改善させるものである。

　本書は，その MCT の基礎について解説したガイドブックであり，メタ認知や各種認知機能について解説している。認知についてあまり専門的知識がない人でも，この本を読めば，さまざまな症状がこのように認知と結びついて出現するのかという理解も進むと思われる。また，MCT が認知行動療法とどこが違っているかをわかりやすく述べてもいる。一言で言うならば，MCT は自分の認知のあり方を「メタ（日本語で言えば "超"）」の視点から俯瞰して見るのであり，「トレーニング」という名称が表すように，やや教育的なアプローチである。それゆえ，治療というよりは心理教育といった方がよいかもしれない。

　また，当初，MCT は統合失調症の人に向けたものであったが，うつ病用（D-MCT）や強迫症用（myMCT），境界性パーソナリティ障害用（B-MCT），急性期の精神症用（MCT-Acute），高齢者の抑うつ用（MCT-Silver）なども次々に開発され，それぞれの特徴も本書では取り上げている。その意味では MCT が今後ますます多領域の対象者に適用され，急成長を遂げていくことは間違いないであろう。

　さらに本書では，基礎編に続く実践編で，さまざまな職種のトレーナーが日常臨床において，この MCT をどのように活用し実践しているかを具体的に紹介している。MCT をやってみたいがどのように使えばよいのかわからない，という人にも敷居が低く入りやすい内容となっている。実際，MCT は医師や心理職に限らず，看護師，作業療法士，精神保健福祉士など多くの対人援助職に活用され始めており，今後もさらに多くの専門職に広がっていくと考えられる。そして，本書が教育現場においても MCT の実践の可能性を広げ，児童や生徒に活用されることは十分に検討する余地があり，それを実践する教員側にも教育力や指導力を高める効果が得られるのではないかと期待する。編者は「1つの支援方法を他の職種と共有して，互いに高め合うことができるというのは素晴らしいことです」と述べ，MCT を通じて「トレーナー間の多職種協働」が図られることを切望している。まさに MCT が多くの職種を俯瞰する1つの材料になることを期待したいと，本書を読み終えて実感した。

デイヴィッド・フォーブスほか [編]
飛鳥井望 [監訳]
PTSD治療ガイドライン［第3版］

金剛出版・B5判並製
2022年12月刊行
9,350円（税込）

評者=**伊藤正哉**（国立精神・神経医療研究センター）

　PTSD の専門書，もしも 1 冊だけ推薦できるとしたら？

　それはもちろん，『PTSD 治療ガイドライン［第 3 版］』である。現時点でそう断言する専門家は，私だけではないだろう。本書は，2018 年にアップデートされた国際トラウマティック・ストレス学会の診療ガイドラインを基にしている。しかし，診療ガイドラインで一般的なエビデンス評価の記述はむしろ一部であって，「診療ガイドラインによる推奨をどう臨床現場につなげるか」に力点が置かれ，貫かれている。したがって，きわめて臨床的かつ実践的な示唆にあふれる内容となっている。

　どのような臨床的な示唆が書かれているか。それは，本書がどのような "臨床的な問い" に答えているかを示すと想像しやすいだろう。この問いには，「トラウマティック・ストレスとは何か？　臨床的な特徴は？　どのような経過や併存症をたどるか？」「児童青年期の場合には，どのような特徴があり，留意すべきか？」「DSM-5 と ICD-11 での診断基準の違いは？」「複雑性 PTSD はどう理解できるか？」「PTSD のスクリーニング，アセスメント，診断として最低限かつ最新の知見は？」「トラウマ体験後 3 カ月以内に推奨される予防介入や早期治療はなにか？」「児童青年期や成人のPTSD に推奨される心理療法や薬物療法は？」「その推奨はどの程度の強さか？」「心理療法と薬物療法をいかに組み合わせると有効か？」が含まれる。このように，トラウマ関連の臨床症状を呈する患者を目の前にしている臨床家が，真っ先に知りたい問いに答えてくれている。

　本書の豊かさと奥行きはこれにとどまらず，さらに踏み込んだ問いにも答えている。その問いとは，「PTSD 治療として最も強く推奨されている認知処理療法，持続エクスポージャー療法，EMDR，認知療法の治療内容，エビデンス，最新の知見は？」「これら

の治療に共通する心理療法の共通要素とは？」「オンラインやデジタルによる予防や治療の可能性は？」「補完・代替・統合治療（例：瞑想，鍼治療，ヨガ）の有効性は？」「複雑性 PTSD に特化した治療は？」「PTSDへの合併症をどう理解し，治療するか？」「推奨される心理療法はどのように訓練されるべきか？」「医療経済的な評価は？」，そして，「こうした知見を踏まえて，今後取り組むべき問いは何か？」である。

　どうだろうか？　これらの問いについて，現時点で最も優れた人類知が整理され凝縮されているのが，本書である。執筆陣は，トラウマティック・ストレス研究を先導するまぎれもない第一級の研究者や臨床家である。翻訳には相当な人数の日本人研究者が関わっている，と思いきや，なんとたった二人で翻訳されている。驚嘆である。その二人とは，飛鳥井望と亀岡智美である。本邦において比肩しえない，トラウマティック・ストレス研究を牽引してきた第一人者である。執筆者と訳者の豪華さは，あたかもスーパースターの大集合という様相で，もはや圧倒されてしまいそうである。しかし，本書を手に取り，ページをめくると，そこにはとても読みやすく丁寧な日本語が迎えてくれる。より確かな知が，いままさに苦しんでいる方へと届くよう，文章がつむがれている。我が国の，トラウマの臨床に関わる全ての臨床家の，その手元に本書が届き，読まれ，活かされることを心から願う。

十川幸司・藤山直樹［編著］

精神分析のゆくえ
—— 臨床知と人文知の閾

金剛出版・四六判上製
2022年11月刊行
3,740円（税込）

評者＝池田暁史（大正大学／個人開業）

誰が精神分析を語ることができるのか。

本書は，私にとっても積年の大テーマであるこの問いに対する，いまをときめく哲学者・國分功一郎の挑戦でもって幕を開ける。

ここからもわかると思うが，本書の執筆陣の多数は非臨床家であり，人文学の諸領域で活躍する研究者である。そもそもここに収載された諸論考は，小寺記念精神分析研究財団第3代理事長・藤山直樹の肝煎りで2016年に始まった学際的ワークショップ「精神分析の知のリンクに向けて」での発表内容に基づいている。

そこでは，学際的という名のとおり，人文学領域の研究者と精神分析に携わる臨床家とが同じテーブルにつき共通のテーマについて議論することで，互いに刺激し合えるような関係性を作っていくことが意図されている。第1回「倒錯概念のいま」，第2回「『素人分析の問題』を巡って」，第3回「精神病はいま」，第4回「精神分析と人文学」，および第5回「ウィニコットの思想」という5年分のテーマの再構成で本書は成り立っている。

さて，ここで議論は冒頭の問いに戻る。誰が精神分析を語ることができるのか。國分が引用しているとおり，Freudはこれに明確な答えを与えている。すなわち「……道はただ一つしかありません。すなわち，自ら精神分析を受けることです」（本書，p.11）というものだ。しかし，これ以外に答えがないのだとしたら，本書に登場する非臨床家の多くはもとより，Jacques DerridaやGilles Deleuzeといった碩学までもが精神分析について語る資格を失ってしまう。

精神分析がより市民権を得るためには，より多くの人が精神分析について語ることが必須である。しかし，精神分析を語りうる主体を「自ら精神分析を受け」た人だけに限定してしまうと，精神分析家がせいぜい40人ほどしかいないわが国では，これ以上の発展はほぼ絶望的となる。私たちは，単に精神分析家／精神

分析的治療者を養成するだけでなく，精神分析を語ることのできる人々を他の領域に見出し，お互いに利点がある形で協力し合っていかなければならない。そのときにおそらくもっとも頼りになるのが，精神保健従事者と今回の主役である人文学研究者である。

とはいえ，こうした人たちが皆精神分析について語れるわけでもないし，語りたがるわけでもない。それゆえに，誰が精神分析を語ることができるのか，という問いは切実なのである。それに対して國分は「研究する存在」という可能性を提示する。その詳細については本書に目を通していただきたい。私自身はこの提示に必ずしも納得したわけではない。しかし，本書の全編を通じて登場する「研究する存在」たちの議論に大きな刺激を受けたことも事実である。お互いの交流は始まったばかりだ。本書がきっかけとなって多くの読者のこころに精神分析という豊饒な果実が実ることを願いたい。

なお，この本の読者は皆，人文学と臨床精神分析とをつなぐ役割としてのラカン派精神分析の価値に気づくだろう。その意味で，編者である十川幸司の貢献が特筆すべきものであることを最後に記しておきたい。

投稿規定

1. 投稿論文は，臨床心理学をはじめとする実践に関わる心理学の研究における独創的で未発表のものに限ります。基礎研究であっても臨床実践に関するものであれば投稿可能です。投稿に資格は問いません。他誌に掲載されたもの，投稿中のもの，あるいはホームページなどに収載および収載予定のものはご遠慮ください。

2. 論文は「原著論文」「理論・研究法論文」「系統的事例研究論文」「展望・レビュー論文」「資料論文」の各欄に掲載されます。「原著論文」「理論・研究法論文」「系統的事例研究論文」「展望・レビュー論文」は，原則として400字詰原稿用紙で40枚以内。「資料論文」は，20枚以内でお書きください。

3. 「原著論文」「系統的事例研究論文」「資料論文」の元となった研究は，投稿者の所属機関において倫理的承認を受け，それに基づいて研究が実施されたことを示すことが条件となります。本文においてお示しください。倫理審査に関わる委員会が所属機関にない場合，インフォームド・コンセントをはじめ，倫理的配慮について具体的に本文でお示しください。

★ 原著論文：新奇性，独創性があり，系統的な方法に基づいて実施された研究論文。問題と目的，方法，結果，考察，結論で構成される。質的研究，量的研究を問わない。

★ 理論・研究法論文：新たな臨床概念や介入法，訓練法，研究方法，論争となるトピックやテーマに関する論文。臨床事例や研究事例を提示する場合，例解が目的となり，事例の全容を示すことは必要とされない。見出しや構成や各論文によって異なるが，臨床的インプリケーションおよび研究への示唆の両方を含み，研究と実践を橋渡しするもので，着想の可能性およびその限界・課題点についても示す。

★ 系統的事例研究論文：著者の自験例の報告にとどまらず，方法の系統性と客観性，および事例の文脈について明確に示し，エビデンスとしての側面に着目した事例研究。以下の点について着目し，方法の工夫が求められる。
　　①事例を選択した根拠が明確に示されている。
　　②介入や支援の効果とプロセスに関して尺度を用いるなど，可能な限り客観的な指標を示す。
　　③臨床家の記憶だけでなく，録音録画媒体などのより客観的な記録をもとに面接内容の検討を行っている，また複数のデータ源（録音，尺度，インタビュー，描画，など）を用いる，複数の研究者がデータ分析に取り組む，などのトライアンギュレーションを用いる。
　　④データの分析において質的研究の手法などを取り入れ，その系統性を確保している。
　　⑤介入の方針と目的，アプローチ，ケースフォーミュレーション，治療関係の持ち方など，介入とその文脈について具体的に示されている。
　　⑥検討される理論・臨床概念が明確であり，先行研究のレビューがある。
　　⑦事例から得られた知見の転用可能性を示すため，事例の文脈を具体的に示す。

★ 展望・レビュー論文：テーマとする事柄に関して，幅広く系統的な先行研究のレビューに基づいて論を展開し，重要な研究領域や臨床的問題を具体的に示す。

★ 資料論文：新しい知見や提案，貴重な実践の報告などを含む。

4. 「原著論文」「理論または研究方法論に関する論文」「系統的事例研究論文」「展望・レビュー論文」には，日本語（400字以内）の論文要約を入れてください。また，英語の専門家の校閲を受けた英語の論文要約（180語以内）も必要です。「資料」に論文要約は必要ありません。

5. 原則として，ワードプロセッサーを使用し，原稿の冒頭に400字詰原稿用紙に換算した枚数を明記し，必ず頁番号をつけてください。

6. 著者は5人までとし，それ以上の場合，脚注のみの表記になります。

7. 論文の第1枚目に，論文の種類，表題，著者名，所属，キーワード（5個以内），英文表題，英文著者名，英文所属，英文キーワード，および連絡先を記載してください。

8. 新かなづかい，常用漢字を用いてください。数字は算用数字を使い，年号は西暦を用いること。

9. 外国の人名，地名などの固有名詞は，原則として原語を用いてください。

10. 本文中に文献を引用した場合は，「…（Bion, 1948）…」「…（河合，1998）…」のように記述してください。1) 2) のような引用番号は付さないこと。
　　2名の著者による文献の場合は，引用するごとに両著者の姓を記述してください。その際，日本語文献では「・」，欧文文献では ‘&’ で結ぶこと。
　　3名以上の著者による文献の場合は，初出時に全著者の姓を記述してください。以降は筆頭著者の姓のみを書き，他の著者は，日本語文献では「他」，欧文文献では ‘et al.’ とすること。

11. 文献は規定枚数に含まれます。アルファベット順に表記してください。誌名は略称を用いず表記すること。文献の記載例については当社ホームページ（https://www.kongoshuppan.co.jp/）をご覧ください。

12. 図表は，1枚ごとに作成して，挿入箇所を本文に指定してください。図表類はその大きさを本文に換算して字数に算入してください。

13. 原稿の採否は，『臨床心理学』査読委員会が決定します。また受理後，編集方針により，加筆，削除を求めることがあります。

14. 図表，写真などでカラー印刷が必要な場合は，著者負担となります。

15. 印刷組み上がり頁数が10頁を超えるものは，印刷実費を著者に負担していただきます。

16. 日本語以外で書かれた論文は受け付けません。図表も日本語で作成してください。

17. 実践的研究を実施する際に，倫理事項を遵守されるよう希望します（詳細は当社ホームページ（http://www.kongoshuppan.co.jp/）をご覧ください）。

18. 掲載後，論文のPDFファイルをお送りします。紙媒体の別刷が必要な場合は有料とします。

19. 掲載論文を電子媒体等に転載する際の二次使用権については当社が保留させていただきます。

20. 論文は，金剛出版「臨床心理学」編集部宛に電子メールにて送付してください（rinshin@kongoshuppan.co.jp）。ご不明な点は編集部までお問い合わせください。

（2017年3月10日改訂）

編集後記 Editor's Postscript

　高校生・大学生年代は言うまでもなく精神疾患の好発年齢である。成人と異なり，発達段階や環境・対人関係の変化にともなって症状が変化し，曖昧でもあるため，確定診断が難しい場合も多い。また自験例では，薬物療法の効果が投与目的通りには得られにくい印象であり，副作用の出現にも成人以上に注意しなければならない。つまり，精神科医としてはかなり難しい判断を求められるケースが多く，診断にも治療にも時間がかかる。したがって，医療現場としても医学的治療と心理社会的支援との協働がきわめて重要であり，多様な職種からの支援が不可欠になっている。特に最近では，生徒・学生（および彼らを取り巻く環境）の経済や法律の問題，ダイバーシティに関係する問題について，十分なトレーニングを受け，経験を積んだ人材の重要性が高まっている。特集タイトルにある「処方箋」とは，薬物療法を指すだけでなく，生徒・学生を育成すべき社会全体からのより良い支援，という意味が込められている。その目的に相応しい優れた論考が寄せられ，編者としては大いに満足しているが，まだ支援が行き届いていない苦しい状況や地域も多いと推測される。教育課程を修了した後に彼らが希望を持てるような社会的仕組みを考えることも，臨床家の役割の一つだと思う。

（石垣琢麿）

臨床心理学 第 23 巻第 3 号（通巻 135 号）

発行＝2023 年 5 月 10 日
定価 1,760 円（10%税込）／年間購読料 13,200 円（10%税込／含増刊号／送料不要）

発行所＝（株）金剛出版／発行人＝立石正信／編集人＝藤井裕二
〒 112-0005　東京都文京区水道 1-5-16
Tel. 03-3815-6661／Fax. 03-3818-6848／振替口座 00120-6-34848
e-mail　rinshin@kongoshuppan.co.jp（編集）eigyo@kongoshuppan.co.jp（営業）
URL　https://www.kongoshuppan.co.jp/

装幀＝岩瀬 聡／印刷・製本＝音羽印刷

北大路書房

〒603-8303　京都市北区紫野十二坊町12-8
☎ 075-431-0361　FAX 075-431-9393
https://www.kitaohji.com（価格税込）

うつのためのマインドフルネス認知療法ガイドブック

―よりよい指導を支える理解と方法― 家接哲次著
B5・304頁・定価4400円　欧米生まれのMBCT，日本で行うには実際どうすれば？　マインドフルネスの源流と発展，事前準備，時間配分や配慮を含む具体的な流れ，指導能力の評価基準，配布物・メモ・教示等，プログラムの理解と指導を支える "生きた" 知恵と資料を提供する。

マインドフルネス認知療法を教えるということ

―実践の体現と瞑想的対話― S. L. ウッズ，P. ロックマン，E. コリンズ著　高橋美保監訳　A5・324頁・定価4290円　マインドフルネス8週間プログラムの本質をいかに実現するか。新人も熟練講師も，教える際の有益な枠組み等とともに実践の神髄を学べる明解なガイド。

レジリエンスを活性化する タッピング・イン

―トラウマケアの定番EMDR生まれのセルフケア―
L. パーネル著　福井義一監訳　A5・232頁・定価3960円　自分を癒し，支える力は自身の内側にある。肯定的な記憶と左右の刺激で心身を安定化するためのガイド。不安軽減，トラウマの応急手当，嗜癖からの回復等幅広く活用できる。

〈ふれる〉で拓くケア タッピングタッチ

中川一郎編著　A5・272頁・定価3300円　ゆっくりやさしく〈ふれる〉ことが生み出す癒し，気づき，関係性への働きかけ。誰でも簡単にできるホリスティック（統合的）なケアの魅力を，心理，教育，医療，看護，福祉など対人支援の現場で活躍する専門家たちが豊富な事例で語る。

コーチング心理学ガイドブック

S. オリオーダン，S. パーマー編著　徳吉陽河監訳　A5・336頁・定価4620円　心理学に基づくコーチングの基礎や研究等を紹介。信頼関係の築き方やアセスメント等の主要トピックから，会社やスポーツなどでの応用，コーチング心理学の限界と未来まで包括的に解説。個人と組織の持続的成長やウェルビーイング向上に貢献したい実践家・研究者必読の書。

実践！ 健康心理学

―シナリオで学ぶ健康増進と疾病予防― 日本健康心理学会編集　A5・208頁・定価2750円　医療・看護，福祉，産業，教育など，多様な人が活用できる健康心理学の「実践ガイド」を提供。まず，シナリオ形式で健康心理学の視点と方法論が役立つ状況を例示し，対応の仕方を解説。次いで，背景理論もしっかりと説明。

代替行動の臨床実践ガイド

―「ついやってしまう」「やめられない」の〈やり方〉を変えるカウンセリング― 横光健吾，入江智也，田中恒彦編　A5・272頁・定価3080円　夜更かし，ギャンブル，飲酒，風俗通い，リストカット，家族間のコミュニケーション不全……。問題行動を減らし「望ましい行動」を増やすためのノウハウを紹介。

エビデンスに基づく 認知行動療法スーパービジョン・マニュアル

D. L. ミルン，R. P. ライザー著　鈴木伸一監訳　A5・352頁・定価5940円　スーパービジョンの進め方を，エビデンスをふまえた推奨事項に取りまとめて系統的に解説。臨場感あふれる18本の実演動画の全訳を収載した，CBTを効果的に用いる能力，困難への適応力を高める一冊。

シリーズ心理学と仕事8 臨床心理学
太田信夫監修／高橋美保，下山晴彦編集　定価2200円

マインドフルネスストレス低減法
J. カバットジン著／春木 豊訳　定価2420円

ナラティヴ・セラピーのダイアログ
国重浩一，横山克貴編著　定価3960円

公認心理師標準テキスト 心理学的支援法
杉原保史，福島哲夫，東 斉彰編著　定価2970円

レベルアップしたい実践家のための 事例で学ぶ認知行動療法テクニックガイド
鈴木伸一，神村栄一著　定価2530円

ナラティブ・メディスンの原理と実践
R. シャロン他著／斎藤清二他訳　定価6600円

心理学ベーシック第5巻 なるほど！心理学面接法
三浦麻子監修／米山直樹，佐藤 寛編著　定価2640円

愛着関係とメンタライジングによるトラウマ治療
J. G. アレン著／上地雄一郎，神谷真由美訳　定価4180円

グラフィック・メディスン・マニフェスト
MK. サーウィック他著／小森康永他訳　定価4400円

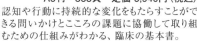

新刊案内

Ψ金剛出版　〒112-0005　東京都文京区水道1-5-16　Tel. 03-3815-6661　Fax. 03-3818-6848
e-mail eigyo@kongoshuppan.co.jp　URL https://www.kongoshuppan.co.jp/

ラディカル・アクセプタンス
ネガティブな感情から抜け出す
「受け入れる技術」で人生が変わる

[著] タラ・ブラック
[訳] マジストラリ佐々木啓乃

あるがままの自分すべてを受け止めよう。といっても簡単なことではない。「自分はダメな人間だ」と誰しも思ったことがあるだろう。ただそれにとらわれていては見えるものも見えなくなってしまう可能性がある。「思い込み」は怖い。それを取り去るには積極的な心と頭のトレーニングが必要であり，本書ではそのトレーニング方法を提示する。ありのままにすべての物事を受け入れられた瞬間あなたにとって真の自由が開かれるだろう。　定価3,520円

マインドフルな先生，
マインドフルな学校

[著] ケビン・ホーキンス
[訳] 伊藤 靖　芦谷道子

教師はもちろんカウンセラー，心理士，そして保護者といった，子どもの教育に携わるすべての方に向けて書かれたマインドフルネスのガイドブックである。著者は自身の教師，校長，ソーシャルワーカーとしての経験から，その道筋を分かりやすく解説し，各国の現場からの声と，自身の経験，豊富なエクササイズを通して，教師が仕事と私生活の両方を充実させるためのセルフケアに役立つ実用的なスキルを学ぶことができる。　定価3,520円

ADHDの若者のための
マインドフルネスワークブック
あなたを"今ここ"につなぎとめるために

[著] メリッサ・スプリングステッド・カーヒル
[監訳] 中野有美　[訳] 勝野飛鳥

本書は，ADHDをもつ若者たちが，より健康で幸せな生活を送るために著者カーヒルにより「ANCHORED（アンカード）法」と名付けられた，マインドフルネスの学習・実践の一連の流れが学べるワークブックです。8つの異なるステップから構成され，構造化された項目から成り立つエクササイズを，順を追って行うことにより，ADHDに関連する困難に対処するスキルを学ぶことができます。　定価2,970円

価格は10%税込です。

新刊案内

Ψ 金剛出版

〒112-0005 東京都文京区水道1-5-16　Tel. 03-3815-6661　Fax. 03-3818-6848
e-mail eigyo@kongoshuppan.co.jp　URL https://www.kongoshuppan.co.jp/

S.E.N.S養成セミナー
特別支援教育の理論と実践 第4版

［編］一般財団法人特別支援教育士資格認定協会
［監修］花熊 曉　鳥居深雪

Ⅰ−概論・アセスメント（定価3,520円）

［責任編集］花熊 曉　鳥居深雪　小林 玄

Ⅱ−指導（定価3,630円）

［責任編集］田中容子　梅永雄二　金森克浩

Ⅲ−特別支援教育士（S.E.N.S）の役割・実習（定価2,750円）

［責任編集］梅田真理　栗本奈緒子　西岡有香

機能分析心理療法：
臨床家のためのガイドブック

［著］メイヴィス・サイ　ロバート・J・コーレンバーグ　ジョナサン・W・カンター
ガレス・I・ホルマン　メアリー・プラマー・ラウドン
［訳］杉若弘子　大河内浩人　河越隼人　木下奈緒子

機能分析心理療法（FAP）のエッセンスをまとめたガイドブック。FAPは
「治療関係」に焦点をあてた第三世代の行動療法である。本書は，FAPのアプローチの中核となる原則，方法，ビジョンを30の短い章で紹介し，技法の習得だけでなく，それらの技法をいつ，どのように使えばいいのかといったガイドも得ることができる。治療関係に関心のあるすべての読者に向けて理解しやすくまとめられた一冊。　　　　　　　　　　定価3,300円

「死にたい」気持ちに寄り添う
まずやるべきこと してはいけないこと

［著］下園壮太　高楊美裕樹

身近な人に「死にたい」と言われたら，どうしたらいいかわからなくなってしまうのではないだろうか。しかし，データによると「死にたい」気持ちをもったことがある人は「4人に1人」はいるのである。決して「特別なこと」ではない。「死にたい」気持ちとセットになっているのは「うつ状態」であり，うつには身体症状と精神症状があることをきちんと理解し，「死にたい」気持ちにどう寄り添えばいいのか，本書ではできるだけ現実に沿った形でわかりやすく解説する。支援者側が誤解をなくし，正しい知識を学ぶことで，寄り添う側の冷静さも取り戻すことができるだろう。　　　　定価2,860円

価格は10%税込です。

好評既刊

Ψ金剛出版

〒112-0005 東京都文京区水道1-5-16 Tel. 03-3815-6661 Fax. 03-3818-6848
e-mail eigyo@kongoshuppan.co.jp URL https://www.kongoshuppan.co.jp/

おとなの自閉スペクトラム
メンタルヘルスケアガイド

［監修］本田秀夫 ［編］大島郁葉

本書では，「自閉スペクトラム症（ASD）」ではなく「自閉スペクトラム（AS）」をキーワードとし，近年拡がりつつある，ASの特性を疾患ではなく多様なヒトの変異のあり方（ニューロダイバーシティ／ニューロトライブ）と捉える価値観に基づいて，成人期のメンタルヘルスの意味を構築していく。各章では，ASの人達の臨床像の広さや魅力，診断と具体的な支援などについて紹介され，支援者，当事者や家族，当事者と関わりの深い人達など読者のニーズに応じて多様な観点から学べるガイドとなっている。

定価3,080円

強迫症を克服する
当事者と家族のための認知行動療法

［著］矢野宏之

強迫症は本人の生活に支障をきたし，また，そのことを自分で責めたりしてしまうことも多く，とても苦しい病気である。家族や近くにいる人も，そのことで巻き込まれてしまうケースが多い。本書では，「洗浄強迫」「確認強迫」「整理整頓型強迫」「想像型強迫」……などさまざまなタイプを提示している。また，治療についても「ひたすら我慢する」「嫌なことをする」といった誤解のない理解を目指し，臨床現場のQ＆Aも盛り込みながら解説する。家族対応についても，知っておきたいことや家族の役割・心得などを詳細に記載している。強迫症を理解するために有用な一書。 定価3,520円

精神分析のゆくえ
臨床知と人文知の閾

［編著］十川幸司 藤山直樹

精神分析はどこに向かうのか？──生存を賭けた闘争の軌跡！
「臨床なくして精神分析はない──これは揺らぎようのない大前提である。しかし，精神分析を臨床のみに純化させてしまうなら（治療行為としての精神分析），その本質を歪められてしまうだろう。フロイトが明言するように，「精神分析を神経症者の治療に用いるのは，その応用例の一つに過ぎない」（「素人分析の問題」）のである。［…］精神分析と人文学との関係は，このようなパラドクサルな問いを私たちに強いてくるのである」（十川幸司「はじめに」より） 定価3,740円

価格は10％税込です。

好評既刊

Ψ金剛出版

〒112-0005 東京都文京区水道1-5-16　Tel. 03-3815-6661　Fax. 03-3818-6848
e-mail eigyo@kongoshuppan.co.jp　URL https://www.kongoshuppan.co.jp/

ナラティブ・エクスポージャー・セラピー 第2版
人生史を語るトラウマ治療

[著] マギー・シャウアー　フランク・ノイナー　トマス・エルバート
[訳] 森 茂起　森 年恵

PTSDを抱える難民治療のために考案された短期療法である，ナラティヴ・エクスポージャー・セラピー（NET）の理論的背景や実践方法を紹介するマニュアルの第2版。複雑性PTSDに関する記述が拡充された。わが国では児童福祉領域や医療領域で虐待，暴力，事故，自然災害などの被害やトラウマ的喪失を体験したひとたちへ適用されることが期待できる。　　定価3,740円

PTSD治療ガイドライン 第3版

[編] デイヴィッド・フォーブス　ジョナサン・I・ビッソン
キャンディス・M・モンソン　ルーシー・バーリナー
[監訳] 飛鳥井望　[訳] 飛鳥井望　亀岡智美

本書は，国際トラウマティック・ストレス学会によるPTSDの予防と治療ガイドラインにおける治療推奨を第7章に掲載している。旧版以降のトラウマ焦点化治療のPTSDに対する強固なエビデンスは揺らぐことはなく，本版では初めてトラウマ焦点化治療の技法ごとに［PE（第12章），CPT（第13章），EMDR（第14章），認知療法（第15章）］章が設けられた。これらは実証的な裏付けにより「強い推奨」を得ている。PTSDの治療介入と周辺テーマの全体像を，複合的視点で俯瞰することができる。　定価9,350円

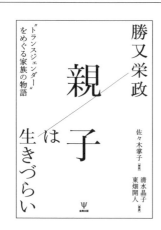

親子は生きづらい
"トランスジェンダー"をめぐる家族の物語

[著] 勝又栄政

"僕"と"母"。親子それぞれの肉声で語られる物語は，溶け合うことなく互いに時を刻み，やがて予期せぬ軌道を描いてゆく——。本書は，年月を重ねるごとに変化する，トランスジェンダーを取り巻く問題が克明に記されるとともに，戸惑いや葛藤を行きつ戻りつして進む本音が生々しく語られるノンフィクション作品。家族だからこそ伝わらない複雑な想い。理解とは何か。共に生きるとは何か。この小さなひとつの家族の物語に，どこか「わたしたち」自身の姿を見出さずにはいられない。「違ったままで，でも共に」生きるという結論にたどりついた，家族の物語を紐解いていく。　定価3,740円

価格は10%税込です。